РАДИКАЛЬНО ЖИВОЙ

ЗА ПРЕДЕЛАМИ НАСИЛИЯ

DR. LISA COONEY

СЛОВА ПРИЗНАНИЯ И БЛАГОДАРНОСТИ:

Я обращаюсь именно к вам, счастливцы!

В нашем мире никогда не поздно меняться.

Пусть сегодняшний день станет вашей отправной точкой.

Вам может казаться, что все кончено.

Тем не менее, человека, который таится в вас просто НЕЛЬЗЯ сломать!

Вам нужно сделать лишь маленький шаг вперед, взять эту книгу и полностью пересмотреть свое отношение к жизни.

Я бескрайне благодарна и признательна тем, кому посчастливилось пройти этот сложный путь вместе со мной, рядом со мной, следом за мной и даже за сотни миль от меня.

Совсем не важно, где вы оказались и как вы попали в эту точку.

Самое важное заключается в том, что вы изменились, и вы хорошо знаете об этом.

Теперь вы не должны забывать об этом!

Большое вам спасибо!

ВСТУПИТЕЛЬНАЯ ЧАСТЬ

На протяжении последних 20 лет я занимаюсь только тем, что помогаю людям из самых разных уголков мира освободиться из "мира насилия", чтобы обрести смысл жизни и научиться наслаждаться каждым ее моментом. Мне удалось поработать с тысячами клиентов со всего света, которые поделились со мной удивительным опытом перехода на качественно иной способ жизни, используя инновационную методику избавления от страданий, которую я им предлагаю. Моя методика строится на обретении жизненного баланса и безукоризненном сочетании внутренней мощи, чарующей сексуальности (энергии притяжении) и легкой уязвимости.

Прочитав данную книгу, вы сможете не просто сделать шаг вперед и оставить мир насилия в прошлом, но и научитесь двигаться вперед, преодолевая все препятствия, которые мешают вам здесь и сейчас, не давая наслаждаться красотой жизни.

Важно отметить, что я являюсь профессиональным психотерапевтом, поэтому я провела большую часть своей ранней карьеры, используя традиционные подходы к исцелению людей и восстановлению после травм и перенесенного насилия. Скорее всего, ничего бы не изменилось, если бы я не училась на своих ошибках, став лучшей версией себя.

Я должна признаться, что все знания, которые мне удалось получить в этой жизни, достались мне очень сложным путем.

Мне пришлось пережить все это на себе.

А сейчас я хочу немного подробнее рассказать об этом.

На протяжении первых двадцати лет своей жизни я постоянно страдала и чувствовала себя несчастной. Когда я перевалила за второй десяток, я стала глушить свои чувства и эмоции выпивкой, наркотиками и вечеринками. Я страдала от лишнего веса и совсем перестала следить за собой.

Став жертвой своего безрассудного поведения, я чуть не лишилась жизни.

Вы должны понимать, что я выросла в очень авторитарной и жестокой семье. С самого детства и вплоть до достижения возраста 20 лет, я постоянно подвергалась сексуальному, физическому и эмоциональному насилию.

Я жила в страшном мире, постоянно чувствуя себя виноватой, беспомощной и одинокой. Мне казалось, что ничто не поможет мне обрести счастье, ведь я жила совершенно в ином мире. Мне казалось, что я не смогу прожить слишком долго. Насилие и жестокости охватили каждый аспект моей жизни.

Все вокруг мне казалось неправильным, да и сама я казалась себе неправильной.

Я знала, что меня никогда не примут ни в один коллектив. Радость приносили лишь две вещи - алкоголь и желание бежать куда глаза глядят. Стараясь забыться и отключиться от этого мира, я пила и нюхала все, что попадалось под руку. Мне казалось, что нет лучшего состояния, чем полная отключча и спутанное сознание.

После поступления в колледж я ходила по кампусу сильно сгорбившись и опустив плечи. Однажды утром ко мне подошла одна из преподавательниц, которая поинтересовалась: "Все ли у тебя хорошо?" Я была поражена, ведь никто и никогда не спрашивал меня об этом. Никогда в жизни. Мои глаза тут же наполнились слезами.

Именно она помогла мне понять, что я могу справиться со своими проблемами, подарив мне надежду на то, что я смогу выйти за рамки привычного мира, создав для себя качественно иную жизнь. Именно этим я и занялась.

Уже сегодня я живу жизнью своей мечты, качество которой превосходит все, что когда-либо могла себе представить. Я постоянно путешествую по работе и посещаю новые города по всему миру, получая бескрайнее удовольствие. Я провожу семинары о радикальной ясности жизни за пределами мира насилия, обучая людей по всему миру использовать свое тело для получения мощного заряда энергии. Кроме того, я живу в прекрасном доме с любимым человеком, которого я просто обожаю. Мой дом уютно расположился на участке площадью 10 гектаров, на котором обитают 20 лошадей, 3 собаки и много других домашних животных. Мне удалось построить теплые, заботливые и надежные отношения с друзьями и родными. Я никогда не стою на месте и всегда выбираю идти вперед и получать еще больше.

Невзирая на травмы и поражения прошлого, я делаю все возможное, чтобы каждый мой новый шаг совершался за пределами мира насилия. Я хочу отметить, что никогда не была настолько счастлива, как сегодня. Мне удалось полностью принять себя. Каждый день я продолжаю изучать новые способы принять себя еще сильнее.

МИР НАСИЛИЯ НЕ ЗНАЕТ ГРАНИЦ

Стоит начать с того, что само по себе насилие охватывает бескрайне широкое пространство.

Мы испытываем насилие извне, но *оно происходит и внутри нас.* Получается, что насилие буквально пропитывает каждое воспоминание и каждый пережитый момент.

Оно полностью меняет то, как вы думаете, о чем говорите, как действуете или бездействуете.

Оно отражается на вашем финансовом положении, вашей способности зарабатывать деньги, а также на той профессии и работе, которую вы выбираете.

Насилие проявляется в любых отношениях. Оно меняет ваши отношения с соседями, друзьями, которых вы поддерживаете, или партнером, которому вы решили посвятить всю свою жизнь.

Кроме того, вы могли принять решения не посвящать себя никому, проживая жизнь в одиночестве.

Насилие отражается на вашем здоровье, а также на том, как выглядит и функционирует ваше тело, когда вы выбираете те продукты, которые вы едите.

Я могу продолжать этот перечень бесконечно...

На самом деле, совершенно не важно, в какой именно части вашей жизни поселилось насилие. Важно признать его существование и бросить ему вызов. Быть может, вам пришлось пережить насилие в раннем детстве, как случилось со мной. Мне пришлось пройти через ужасные события, которые сильно травмировали меня. А может быть, ваши родители развелись, когда вы были маленькими, и вы никогда не видели одного из своих родителей? Быть может, ваши родители постоянно ссорились из-за денег, поэтому вы с трудом зарабатываете на жизнь.

Вне зависимости от степени проникновения ненависти и насилия в вашу жизнь вы сможете справиться с тем, что на вас навалилось.

Каждый из нас живет во Вселенной, которая готова сделать нас частью себя.

РАЗРУШАЯ ОКОВЫ И ВЫРЫВАЯСЬ НА СВОБОДУ

А сейчас подумайте. На что была бы похожа ваша жизнь, если бы у вас получилось переступить через то, с чем вы столкнулись? Какие мечты спрятаны глубоко в вашем сердце? О чем постоянно шепчет ваше сознание?

Вы вполне можете и не знать ответа на эти вопросы. Тем не менее, каждый человек, который начинает работать со мной, делает первый шаг, осознавая, чего именно он или она хочет на уровне сознания. Проживая годы постоянного отрицания, осуждения и насилия, мы теряем драгоценное время, оставляя себе лишь небольшой островок, на котором вы безуспешно пытаетесь выжить.

Прочитав мою книгу, вы сможете разрушить стены "невидимой клетки, сотканной из насилия". Я сама придумала данный термин и активно использую его в своей работе.

Данная книга покажет вам, что именно вы можете сделать, подарив вам целый мир новых идей, которые вы сможете использовать на любом этапе своей жизни. Я предлагаю универсальные принципы, поэтому наличие травм и случаев насилия не является обязательным условием для их использования. Они подойдут всем и каждому.

Тем не менее, если в вашем прошлом таится что-то ужасное, связанное с насилием, моя книга может стать вашим спасательным кругом.

Хочу сразу отметить, что если какая-то идея или концепция, предложенная в моей книге, покажется вам новой или странной, то вы на правильном пути. Странные слова — это не ошибки и не опечатки, а мой способ донесения смысла в определенных модальностях. Я хочу отметить, что, несмотря на наличие лицензии психотерапевта, я прошла обучение в рамках большого количества программ, посвященных исцелению, поэтому я буду часто использовать термины, которые я изучила (если вы хотите получить больше информации, вы всегда можете зайти на мой сайт: www. DrLisaCooney.com).

В одном я уверена на 100 процентов!

Если вы начнете использовать материалы данной книги на практике, вы *сможете* избавиться от самой тяжкой ноши, которая мешает вам жить и не дает достигнуть желанных высот.

Данная книга поможет вам сделать шаг в направлении *радикальной ясности жизни*, поэтому мне не терпится подарить вам ценные знания, которые я собрала в данном издании.

Итак, давайте приступать!

Доктор Лиза Куней

ОТЗЫВЫ И КОММЕНТАРИИ

Хочу отметить, что доктор Лиза Куней является великолепным наставником и организатором. Она всегда знает обо всем, что происходит вокруг и готова поддержать вас на каждом шагу вашего непростого пути. Она обязательно прольет самый яркий свет на то, что скрывается в потаенных глубинах вашей души, не давая вам сделать шаг вперед и найти правильный путь. Мне пришлось пережить массу изменений и полностью переосмыслить причины моих действий по отношению к себе и моим близким. Она смогла дать мне инструменты, которые помогли исправить последствия самых тяжелых и неисправимых травм в моей жизни. Именно она помогла мне найти и раскрыть мое истинное "Я". Уже сегодня я могу сделать САМОСТОЯТЕЛЬНЫЙ ВЫБОР, выбирая жить свободно и красиво. Жить так, как хочу именно я! Я рекомендую доктора Лизу Куней в качестве вашего наставника, специалиста по осознанию тела и мастера в сфере обретения радикальной ясности жизни.

С того момента, когда я впервые услышала о том, как доктор Лиза Куней рассказывает об обретении радикальной ясности жизни за пределами мира насилия, моя жизнь сильно изменилась. Научившись не отождествлять себя с прошлым миром насилия, я была поражена тем, насколько мудрые знания доктора Лизы помогают менять все вокруг, выходя за пределы мира насилия. Кроме того, мне удалось качественно изменить отношения со своим телом. Теперь я получаю больше удовольствия и наслаждаюсь невиданной доселе осознанностью своего тела. К тому же мои отношения с другими людьми стали проще. Я начала вести деловые отношения с другими людьми, хотя совсем недавно это было недосягаемой мечтой, которую я постоянно избегала. Самое главное заключается в том, что я научилась принимать решения на качественно новом уровне, создавая именно ту жизнь, которая мне подходит. На данном этапе я открыла для себя такие проявления радикальной ясности жизни. Разве может быть еще лучше, чем сейчас?

Возможность поработать с доктором Лизой — это лучшее, что случилось в моей жизни. Моя стала безупречной, о чем раньше я не могла даже мечтать. Мне удалось оставить в прошлом жизнь, которую я проживала в роли жертвы. Я смогла стать увереннее в себе и здоровее во всех отношениях: физически, умственно, эмоционально и духовно. У меня получилось уйти с ужасной работы, удвоить доход и создать новый бизнес. Я похудела на 45 килограммов, а также построила здоровые отношения с любящим меня партнером. Я не устану постоянно благодарить вас! Спасибо!

Я хочу отметить, что доктор Лиза оказалась невероятно сильным и преданным своему делу целителем, которая смогла избавить меня ото всех проблем и блокировок, с которыми мне пришлось столкнуться в жизни. Она смогла создать атмосферу глубокого доверия и безопасности, позволив самым потаенным страхам, блокировкам и убеждениям выйти на поверхность, где она смогла уничтожить их, подарив мне исцеление. Мне невероятно повезло, что судьба даровала мне шанс поработать с одной из самых могущественных целительниц в мире.

Нет никого лучше доктора Лизы! Будучи обладательницей золотой медали и статуса чемпионки мира, я полностью поддерживаю новаторскую работу, которую проводит доктор Лиза в области выхода за рамки возможного, исцеления личности и перехода на качественно новый уровень жизни. ЕЕ ПОДХОД ДЕЙСТВИТЕЛЬНО РАБОТАЕТ!

СЛОВА ПОСВЯЩЕНИЯ

Я хочу начать с того, что данная книга посвящена именно вам, мои дорогие читатели, поэтому я хочу поблагодарить вас за то, что вы решили сделать шаг в мир новых возможностей. Я хочу поблагодарить вас за то, что вы решили освободиться от тяжкой ноши вашего прошлого. Я хочу поблагодарить вас за то, что вы знаете и понимаете, что независимо от того, в какой именно сфере скрывается ваша трагедия, травма или блокировка, именно вы являетесь всесильным творцом вашей жизни и только вы можете сделать выбор, не зависящий от сложившихся обстоятельств.

Если вы хотя бы немного похожи на меня, то я уверена, что вы страдали от депрессии, болезней, нехватки ресурсов и одиночества. Термины и инструменты, которые вы найдете в этой книге, сильно помогли мне на пути исцеления, позволив вернуть себе мир, в котором я могу обрести себя и возможность полного самовыражения. Я постаралась изложить все предельно просто и максимально прагматично. Я очень надеюсь, что и вы найдете их полезными для себя.

Я понимаю, что жизнь в мире травмы и насилия отличается невероятной сложностью и многогранностью. Каждый из нас сталкивается с лавиной событий. Я хочу подарить вам успокоение и утешение, сообщив вам, что, до тех пор, пока вы будете идти вперед, не сдаваясь, мои инструменты и подходы будут работать и для вас.

Я хочу подарить вам вдохновение, которое поможет превратить травмы прошлого в радикальную ясность жизни за пределами мира насилия.

Дорогие друзья, ВСЕГДА следуйте данным правилам:
Выбирайте СЕБЯ
Посвятите свою жизнь СЕБЕ

Установите связь со Вселенной, которая благословит ВАС и поможет вам создать новый мир для ВАС, работая во благо.

1

ВЫРЫВАЯСЬ ИЗ НЕВИДИМОЙ КЛЕТКИ МИРА НАСИЛИЯ

"Нет ничего проще, чем движение вперед. Но нет ничего сложнее того, что остается позади."

- Дэйв Мастейн

"Вы не могли бы поделиться подробностями того насилия, которое вам пришлось пережить в раннем детстве?" После того, как мой редактор озвучила данный вопрос, воцарилась долгая тишина.

Совсем недавно она редактировала черновой вариант моей книги *"Обретая навыки созидания после пережитого насилия"*, поэтому ей хотелось добавить больше информации о моем непростом прошлом. Я попросила дать мне подумать, чтобы я могла вспомнить самые важные детали.

Только через восемь минут я начала рассказывать ей о том, что случилось со мной в детстве.

В течение долгих восьми минут я проверяла каждый уголок своего тела, с удивлением обнаружив, что никаких следов двадцати лет физического, сексуального, эмоционального, финансового, духовного и физиологического насилия не осталось в моем теле. В то же самое время я хорошо помнила тяжесть того, что случилось со мной.

Когда я начала рассказывать свою историю, мне показалось, что я говорю о жизни одного из своих клиентов или друзей, а не о своей собственной жизни. Я не пыталась отстраниться или отключиться от своего прошлого. Я просто смогла ощутить, что нахожусь за пределами мира насилия, который царил в моем детстве.

Я улыбнулась, осознав, как далеко я продвинулась в своем путешествии по преодолению последствий насилия и созданию качественно иной жизни.

Важно отметить, что именно книги о помощи самой себе стали важнейшим инструментом, который помог мне. Такие же книги, как вы держите сейчас в своих руках. Я продолжала использовать маркер, выделяя предложения до тех пор, пока слова не проникали в меня, позволяя мне получить представление о другой реальности. Осознавая, что есть и другие люди, которые понимают, что я испытываю, вселяло в меня надежду.

Я с удивлением обнаружила, что была совсем не одинока.

Кроме того, я использовала и другие методики. Так, например, я пыталась отвлечься прогулками, медитировать, плавать и кататься на велосипеде, чтобы избавиться от последствий перенесенного насилия. Я не раз обращалась за консультацией, а также получила степень магистра и доктора в области психологии. Я не хотела останавливаться на достигнутом, постоянно получая новые знания, переходя на новый уровень клинической, энергетической и психологической осознанности, поставив себе цель найти выход из мира насилия.

Проводя семинар за семинаром, и освобождая других от последствий насилия, мне удалось исцелиться и обрести настоящую свободу. Именно тогда я решила не останавливаться. Я поставила себе цель - искоренить последствия насилия во всех его формах и проявлениях, используя силу движения "Live Your ROAR®" (Жизнь в вашей личной радикальной оргазмически-живой реальности).

ВЫХОДЯ ЗА РАМКИ МИРА НАСИЛИЯ: НОВАЯ ГРАНЬ ВАШЕГО ИСЦЕЛЕНИЯ

В вашей жизни могли встречаться самые разные формы насилия: сексуальное, физическое, духовное, финансовое или даже эмоциональное. В вашей жизни могло произойти как единичное событие, так и серия подобных происшествий.

Быть может, вы уже потратили огромное количество времени и энергии, чтобы пережить и исцелиться, но, к глубокому сожалению, так и не увидели желаемых результатов. И все это вполне понятно. Изучая доступные методики, я с сожалением обнаружила, что большинство инструментов направлены на то, чтобы изменить "ошибки" в себе и привести себя в соответствие пережитому насилию. Все это предшествовало созданию моей уникальной методики.

Я уверена в том, что мы не должны исправлять "ошибки" в себе, чтобы быть действительно свободными. Выбирая подобный подход, мы заранее ставим условие, что с нами что-то не так, пытаясь найти решения для устранения "проблем" внутри нас. Такой подход ведет вас в бесконечную пропасть, из которой нет выхода. Именно поэтому мы не можем дойти до конца, потому что у нас не получается почувствовать состояние полного исцеления. Вы оказываетесь в порочном круге, не сдвигаясь с мертвой точки и задаваясь вопросом о том, закончится ли это когда-нибудь. Делая это, вы ожидаете того волшебного дня, когда вы наконец сможете исцелиться. Важно понять, что процесс исцеления после пережитого насилия действительно происходит поэтапно, иногда сразу на нескольких уровнях. Только обращая внимание на самые правильные и безупречные черты в себе, вы сможете обрести силу, необходимую для выхода из мира пережитого насилия.

Данная глава была позаимствована мною из моей новой книги *"Обретая навыки созидания после пережитого насилия"*. В ней я расскажу вам о совершенно новом методе исцеления после пережитого насилия.

Вы с удивлением обнаружите, что вам не нужно ничего исправлять или сохранять частичку пережитого насилия в вашей жизни. Кроме того, вы узнаете, как вырваться из порочного круга, не позволяя случившемуся насилию оказывать тлетворное влияние на вашу жизнь.

НЕЗРИМАЯ КЛЕТКА НАСИЛИЯ

Я могу признаться, что провела большую часть своей жизни в незримой клетке насилия.

Я называю ее незримой потому, что жила в ней долгое время, не подозревая о ее существовании и о том, что я являюсь ее молчаливым узником. Мне потребовалось несколько десятилетий, чтобы выбрать термин для этого явления, а также сформулировать послание, которым я хочу поделиться с целым миром. Я с удивлением отмечаю, что каждый раз, когда я рассказываю о неосязаемой клетке насилия человеку, который пережил насилие, на их лицах появляется облегчение и полное понимание. Быть может, вы сами испытываете нечто подобное прямо сейчас, когда читаете данную книгу.

Один из основных элементов неосязаемой клетки — это ошибочное суждение о том, что с вами что-то не так. Самое страшное заключается в том, что вы считаете его истинным и правильным. Другими словами, вам кажется, что случившееся с вами насилие сделало вас плохим или недостойным человеком. Данное чувство становится своеобразным фильтром, который искажает ваши чувство и окружающую вас реальность. Получается, что вы строите свою жизнь на фундаменте насилия, самостоятельно помещая себя в эту *неосязаемую клетку.*

Клетка, в которой вы оказались, подобна призраку, прячущемуся за вашей спиной и шепчущему свои бредни вам на ухо. Этот призрак шепчет каждый раз, когда у вас возникают проблемы. Он продолжает нашептывать даже в тот момент, когда у вас все отлично. Очень может быть, что в моменты радости он становится громче из-за отчаянной попытки удержать вас в незримой клетке насилия. Стены незримой клетки помогают вам оставаться в хорошо знакомом мире. Не выходя из клетки, вы чувствуете странный комфорт, который не дает вам жить за ее пределами.

Ваша клетка соткана из недостатков, ограничений и лжи.

Клетка лишает вас свободы, удовольствия и новых возможностей.

Выбирая жить в клетке, вы выбираете жизнь без права голоса. Вам может казаться, что вы можете говорить и функционировать в своем мире, но незримая часть вашей души остается изолированной. Ее заставили замолчать и отсекли от реальности. Тем не менее, эта часть живет внутри вас, омертвевшая и лишенная чувств.

Вы должны понимать, что боль от жизни в такой клетке может быть настолько велика, что многие предпочитают не жить в ней вовсе. Стараясь избежать боли, вы просто перестаете слушать свои чувства. Вы можете повторять это несколько раз в течение дня, как бы покидая свое тело. Многие стараются использовать пищу, алкоголь, наркотики или таблетки для полной изоляции от собственных чувств.

Вы становитесь бледной тенью того человека, которым можете быть и являетесь на самом деле.

Вы не понимаете причин такого самобичевания, хотя все предельно просто. Вы подчиняетесь клетке, которая заставляет вас бороться с хорошей жизнью, постоянно сокращая доступное вам пространство и запрещая вам делать что-то новое. А вы могли бы просто сказать: "Да!" и открыть для себя новые горизонты. Находясь в незримой клетке, вы продолжаете рассматривать жизнь с точки зрения пережитого насилия, что лишь усугубляет ситуацию и делает ваши страдания еще более несносными.

Скорее всего, вы заметили, что, проживая жизнь в этой незримой клетке, вы бросаете тень на все остальные сферы вашей жизни. Когда вы воспринимаете мир через призму пережитого насилия, вы лишь сильнее притягиваете его, делая вашу жизнь еще более невыносимой. И такие громкие слова, как "Каждый - сам творец своего счастья", просто не помогают в вашей ситуации. Когда порочный круг самобичевания постоянно повторяется, а вы не знаете, как вырваться из него, у вас усиливается ощущение, что с вами что-то не так.

Постоянное нахождение в незримой клетке насилия искажает вашу реальность, отправляя вас на грань безумия и сохранения здравого смысла. То, что вам кажется правдой, может оказаться ложью, и наоборот. Вы с удивлением обнаруживаете, что доверяете людям, которым нельзя доверять, но не доверяете людям, которым нужно доверять. В вашей жизни появляются люди, которые олицетворяют все то, что вы хотите создать в своей реальности. Но вы отталкиваете их только потому, что взаимодействовать с ними — это выход за пределы незримой клетки. А выход из клетки — это ужасно неприятное чувство.

Оказавшись в незримой клетке пережитого насилия, вы, скорее всего, считаете, что это ваш единственный вариант. У вас просто нет выбора. Исходя из моей практики, большая часть моих клиентов была сбита с толку наличием возможности выбора. Их заставили поверить в миф о том, что человек, переживший насилие, будет проживать жизнь, наполненную страданиями. Вплоть до этого момента вы могли получить массу подтверждений того, что в жизни все устроено именно так.

Тем не менее, вы можете выбрать что-то другое, а не жизнь безмолвного пленника клетки.

ПОДРУЖИТЕСЬ С МИРОМ ВАШЕЙ НЕЗРИМОЙ КЛЕТКИ

Работая с десятками тысяч людей по всему миру, помогая им в битве с последствиями насилия, я обнаружила, что нам не обязательно быстро покидать пределы клетки.

Прежде всего, мы должны раскрыть глаза и признать наличие клетки.

Быть может, это станет тем ключевым моментом, когда вы впервые очнетесь и поймете, что клетка действительно существует. Когда мои клиенты слышат, как я рассказываю о клетке, описывая словами тот мир, в котором они оказались, они часто восклицают: "Так вот, что это такое!"

Такая ситуация очень похожа на огромную кучу навоза, которая лежит посреди комнаты, но которую никто не замечает, обходя ее стороной. Мы больше не можем игнорировать ее присутствие. Она отвратительна, и теперь мы должны разобраться с ней раз и навсегда.

После того, как вы признаете наличие клетки, вы должны принять тот факт, что жили в ней. Вы должны понять, что именно эта незримая клетка была вашим главным союзником на пути к исцелению. *Именно она защищала вас в то время, когда вы нуждались в защите.*

Самое приятное заключается в том, что, принимая клетку и делая выбор в пользу чего-то другого, вы становитесь мягче и свободнее.

Вы получаете возможность обрести единство со своей болью. Только так вы сможете уничтожить прутья вашей клетки и сделать шаг в мир истинной свободы, радости и возможностей, которые существуют за ее пределами.

Вы должны понять, что для того, чтобы выйти из клетки, вам не нужно возвращаться в прошлое. Именно в этом мой подход радикально отличается от того, что предлагают другие специалисты в данной отрасли. Вы должны научиться принимать самые разные решения, которые исключают поддержку истории вашего насилия. Вы сможете понять, как найти себя, оказавшись за пределами мира насилия, который и стал причиной появления вашей незримой клетки. Вы выбираете жизнь, которая не будет строиться на единичном случае насилия или серии событий, ставших источником насилия в вашей жизни.

Вполне вероятно, что ваша реальность начнет меняться по мере того, как вы начнете замечать, как незримая клетка проявляется в разных аспектах вашей жизни.

ПОКИДАЯ НЕЗРИМУЮ КЛЕТКУ НАСИЛИЯ

Самый ироничный факт о насилии заключается в том, что оно, само по себе, давно закончилось, а вы продолжаете поддерживать его, поступая точно так же, как человек, который и стал источником такого насилия.

Зачем вы поступаете именно так?

Дело в том, что незримая клетка насилия держит вас в плену, постоянно убеждая вас, что вы в чем-то неправы или отвратительны по своей сути. Она говорит, что вы не заслуживаете жить для себя, а должны делать то, чего хотят от вас другие. Так и произошло в момент насилия над вами: вы делали то, что вам сказали, забыв о своих потребностях. Вы можете чувствовать постоянную вину, пытаясь поставить себя и своя "Я" на первое место. Именно такое чувство вины постоянно загоняет вас обратно в незримую клетку насилия.

Как только вы найдете общий язык с клеткой насилия, вы сможете закончить войну с самими собой. В этот момент вы начинаете выбирать только себя, посвящая себя своей собственной жизни.

Как все происходит?

Выбирая свою жизнь, вы должны стоять на своем, во что бы то ни стало. Вы выбираете никогда не сдаваться и не опускать руки. Пожалуй, это придумала часть меня, которая хранит в себе наследие борцов из Ирландии. Поймите, что речь идет не о том, что вы должны *идти напролом, бороться или ограничивать себя.*

Вам больше не нужно что-то доказывать или бороться за что-то, чтобы ваша жизнь принадлежала именно вам. Все, что вам нужно — это сделать осознанный выбор. Такое посвящение своей собственной жизни принесет вам легкость, свободу, радость и веселье, которые строятся на принятом вами осознанном решении. Для принятия такого решения вам понадобится любовь и доброта по отношению к себе, которую вы, возможно, никогда раньше не испытывали.

Тем не менее, существует более серьезное препятствие, с которым вы можете столкнуться, выбирая собственную жизнь в качестве основной цели.

Я смогла помочь тысячам людей, пережившим сексуальное насилие. Я заметила, что одной из самых сложных проблем является неспособность отпустить историю насилия. Это история их жизни, а роль жертвы в такой истории не позволяет им сделать осознанный выбор в пользу жизни ради себя. Они больше увлечены проживанием истории насилия, а не возможностью выхода за рамки клетки насилия. Хочу признаться, что я делала то же самое. Я знаю, как все устроено. Тем не менее, такой переход должен стать лишь небольшим этапом на вашем пути от незримой клетки насилия к радикальной ясности жизни за пределами мира насилия.

Стараясь во что бы то ни стало уцепиться за вашу историю насилия, загоняя себя в ловушку роли "жертвы". Вы считаете, что жизнь так устроена, что вы - просто жертва обстоятельств. Вы можете делать что угодно, но жизнь все равно нанесет вам новый удар. Тогда зачем делать что-либо вовсе?

Получается, что пережитое вами насилие становится прекрасным оправданием для того, чтобы отказаться от собственной жизни.

Тем не менее, я хочу рассказать вам о другом возможном исходе событий.

Когда вы делитесь историей насилия, вы получаете поддержку, чтобы высвободить внутреннюю боль, и выходите из незримой клетки насилия, создавая безграничное пространство для чего-то нового и светлого:

Вы обнаруживаете свою уникальность и феноменальность.

Вы обретаете *радикальную ясность жизни* - ваше личное пространство, в котором пережитое насилие больше не управляет вашей жизнью. Вы создаете для себя жизнь, намного превосходящую все, что вы когда-либо могли себе представить.

В следующей главе мы подробно поговорим о незримой клетке пережитого насилия и ее влиянии на вашу природную способность творить и создавать.

2

НЕОГРАНИЧЕННЫЙ МИР ВАШЕЙ КРЕАТИВНОСТИ

"Я проживаю себя в каждой возможности".

- Эмили Дикинсон

Давайте начнем с того, что именно пережитое насилие является одним из самых больших препятствий на пути вашей креативности и творчества.

Стоит сразу отметить, что основная проблема кроется не в самом насилии. Дело в том, что к моменту встречи с каждым из моих клиентов, сам по себе процесс насилия уже давно закончен. Это может быть как единичный случай насилия в далеком прошлом, так и цепочка ужасных событий, охватывающая несколько деся- тилетий.

Тем не менее, каждый человек описывает это состояние как "неспособность сдвинуться с места". Вы как бы заперты в незримой клетке, которая мешает вам творить вашу жизнь, обладая невиданной силой.

Получается, что именно *незримая клетка насилия* является одним из главных препятствий на пути креативности и творчества. Клетка насилия пестует и поддерживает саморазрушение, уход в себя и полную изоляцию. Когда вы заперты в клетке, вы находитесь в постоянном состоянии самоуничижения и отсутствия сил и мотивации что-то изменить.

НЕЗРИМАЯ КЛЕТКА НАСИЛИЯ

Если вы пережили насилие, то вы можете очень просто погрязнуть в болоте ограничений, которые сказываются на вашем здоровье, отношениях и финансовом состоянии.

Другими словами, вы блокируете ваш творческий потенциал и способность делать то, что вы любите. Представьте себе граммофон, игла которого постоянно соскакивает, повторяя слова песни: "Я не могу, я не знаю, что мне делать... Со мной что-то не так".

Откуда взяться искре, которая разожжет пламя вашего творчества, когда вы живете в мире удушающего угнетения? Как вы можете использовать источники творческой энергии, если вы постоянно проводите время в незримой клетке?

РАЗРУШЕНИЕ, ПОДАВЛЯЮЩЕЕ СОЗИДАНИЕ

Получается, что, вместо созидания и творчества, вы *неосознанно выбираете разрушение*. Вы используете незаметные действия, разрушая все, что могли бы создать. Такое разрушение может принимать форму разорванных отношений, банкротства, долгов или уничижительного отношения к собственному телу. Вы просто не понимаете, что есть другие варианты поведения. Вам кажется, что вы постоянно плывете вверх против течения, борясь, преодолевая препятствия или переживая одну катастрофу за другой.

Почему происходит именно так?

Потому что, вы знаете, что такое отсутствие гармонии и постоянный конфликт.

Вы не знаете, что такое гармония и мир.

Незримая клетка строится на ложной уверенности в том, что с вами что-то не так. Она строится на понимании того, что вы ограничены и вам чего-то не хватает, чтобы стать лучше. Такие мифы о вас и других людях направлены на то, чтобы уничтожить вас, делая вас мизерными и никчемными. Такие суждения не позволят обрести радикальную ясность жизни.

Я понимаю, что мои слова звучат, словно безумие. Зачем уничтожать себя?

Почему бы не начать творить и созидать?

Тем не менее, просто попробуйте присмотреться повнимательнее на то, что происходит с вами. Постарайтесь быть честными с самими собой. Задайте себе такие вопросы:

Я созидаю или разрушаю собственную жизнь?

Я созидаю или разрушаю мои отношения?

Я созидаю или разрушаю отношения с самим или с самой собой? Я созидаю или разрушаю отношения с деньгами? Я созидаю или разрушаю отношения с собственным телом?

ВРЕМЯ ЧЕСТНОГО ПРИЗНАНИЯ

Во вступительной части я немного рассказала о том, что первые двадцать лет моей жизни были наполнены физическим, сексуальным, эмоциональным, ментальным и финансовым насилием. Насилие исходило буквально отовсюду: от моих родных, друзей, церкви, модельного агентства и целителей.

Я была ребенком, когда все твердили мне, что я - корень зла, а я просто верила в эти слова. Именно эти слова и стали той клеткой, в которой я жила.

На протяжении всего пути исцеления я делала все, чтобы использовать мой опыт для создания и развития движения "Beyond Abuse Revolution" (Революция и выход из мира насилия), которое позднее получило название "Live Your ROAR®" (Жизнь в вашей личной радикальной оргазмически-живой реальности). Тем не менее для того, чтобы это случилось, мне пришлось быть честной с самой собой, чтобы понять, что я разрушаю собственную жизнь, карьеру, отношения, тело, здоровье, финансовое благополучие и другие аспекты своего существования.

Приведу простой пример. Я никогда не хотела подпускать к себе людей, понимая, что они увидят мою истинную отвратительную суть и с криками разбегутся в разные стороны. Как я могу что-то создавать, если я воплощаю зло, и никто не сможет полюбить меня?

Во время юности я хорошо изучила основы неблагодарности, которые и использовала в своих отношениях со взрослыми людьми. Я устраивала конфликты, которые привели к разводу и полному отчаянию.

Когда мне было двадцать, я решила проверить свой организм на прочность, балуясь наркотиками, сексом и постоянным перееданием. У меня были деньги, но я ощущала чувство вины. Ведь их нет у других! Поэтому я платила за них, чтобы купить их внимание и любовь.

Именно такое поведение удерживало меня в невидимой клетке насилия, ведь я использовала ту же модель поведения, к которой меня приучили в детстве. Я могла лишь разрушать себя и все, что меня окружало.

НАВОДЯ МОСТЫ ЗА ПРЕДЕЛЫ КЛЕТКИ НАСИЛИЯ

Ключевой точкой моего исцеления стал день, когда одна из преподавательниц в колледже обратилась ко мне и спросила, все ли со мной в порядке. Именно долгая беседа с ней стала первым мостом к новой главе в моей жизни. Она помогла мне понять, что жизнь многогранна, а не строится лишь на разрушении и самоуничижении.

Я начала искать выход из клетки, которая держала меня в мире самоуничижения и разрушения, не давая мне по-настоящему жить моей жизнью. Я получила степень доктора психологии и изучила десятки методов исцеления. Активно сотрудничая со специалистами и целителями, я проходила собственный путь исцеления, помогая клиентам, направляя их по пути исцеления за пределы незримой клетки насилия.

Сегодня, спустя более двадцати лет, мне удалось помочь тысячам клиентов со всего света. Я бесконечно благодарна судьбе за эти годы насилия, которые стали мощным источником мотивации и позволили мне дать хорошего пинка насилию в своей жизни.

Сегодня я хочу поделиться с вами ключами, которые помогут избавиться от оков незримой клетки насилия, наводя мосты за ее пределы, а также открывая безграничный мир возможностей и творчества.

Я решила назвать такое чувство *радикальной ясностью жизни*.

ОТКРЫВАЯ МИР РАДИКАЛЬНОЙ ЯСНОСТИ ЖИЗНИ

Давайте попробуем представить вот что...

Вы просыпаетесь и чувствуете заряд сил. Вы счастливы от того, что живы, и готовы принять мир новых возможностей, которые принес вам этот день. От самого начала и до конца ваш день предоставляет вам возможность выбора, основанную на ваших желаниях. Ваши желания позволяют вам сделать все, что вы хотите, открывая притягательную силу творчества и созидания.

Людям нравится находиться рядом с вами. Вы меняете энергию тех и того, что вас окружает, просто оставаясь самими собой.

Ваши отношения строятся на чувстве единения и гармонии. Ваши отношения веселые, непринужденные, радостные и взаимные. Ваше тело сияет здоровьем и источает радость. Вы переполнены энергией. Вы ощущаете особое сияние, которое исходит от вас.

Ваши дела процветают, а ваши сотрудники поддерживают каждое ваше начинание на пути созидания. Каждый новый день — это удивительная возможность заработать, получить поддержку и открыть новые горизонты.

Ваша жизнь — это долгое приключение в мире радости и свободы. Смех и легкость наполняют каждую клеточку вашего тела. Вы поражены таким единением с самими собой.

Люди постоянно спрашивают вас о том, что вы сделали, чтобы измениться, а вы просто отвечаете: "Я выбираю собственную жизнь, а все, что мне удалось создать - построено на радости и счастье от понимания того, что нет ничего невозможного".

Звучит вдохновляюще, не так ли?

Именно такая жизнь ждет, когда вы выберете именно ее.

А теперь, позвольте передать вам ключи, которые помогут открыть незримую клетку насилия, навести мосты и открыть для себя мир радикальной ясности жизни.

ЧЕТЫРЕ КЛЮЧА: ВЫБОР, ПРИВЕРЖЕННОСТЬ, ЕДИНЕНИЕ И СОЗИДАНИЕ

Вооружившись четырьмя ключами, вы сможете разрушить мир лжи и ограничений, на которые когда-то купились, выходя из порочного круга истории вашего насилия.

ВЫБИРАЙТЕ СЕБЯ

Что означает выбирать собственную жизнь?

У вас были отношения, в которых вы делали все ради второй половины, но не ради себя? Это и есть прекрасный пример того, как вы **не** выбираете собственную жизнь. Когда вы делаете что-то для других в ущерб себе, вы ставите таких людей выше себя. Именно так и случается в мире насилия: ваши желания и потребности кажутся неуместными и не имеющими ценности.

Когда вы выбираете собственную жизнь, ваши потребности и желания становятся наиболее важными.

Ваша жизнь получает первостепенное значение. Вы начинаете созидать и творить.

Когда вы выбираете собственную жизнь, вы по-прежнему можете быть открытыми для других людей, но **не** за счет себя. Вы добавляете важность собственной жизни во все свои решения и отношения.

Что вы можете создать, выбрав собственную жизнь?

ПОСВЯТИТЕ СВОЮ ЖИЗНЬ СЕБЕ

Выбирая приверженность собственной жизни, вы берете на себя обязательство никогда не сдаваться, никогда не опускать руки, не позволяя никому и ничему остановить вас. Вы выбираете приверженность собственной жизни каждую минуту и каждый день.

Другими словами, вы никогда не сдаетесь.

Никогда.

Именно приверженность собственной жизни дала мне силы преодолеть ужасы первых двадцати лет моей жизни и все то насилие, что мне пришлось пережить. Как только я осознала, что постоянно нахожусь в незримой клетке насилия, понимая, что за ее пределами меня ждет мир свободы и выбора, я пообещала себе никогда не сдаваться, пока не выйду за пределы клетки и не окажусь по другую сторону моста, который ведет из нее.

Я дала себе обещание, что помогу максимальному количеству других людей вырваться из клетки насилия, помогая им обрести самих себя и посвятить себя своей собственной жизни.

Выбирая приверженность свой жизни, вы даете обещание *быть самими собой во всех отношениях в вашей жизни*. Вы обещаете, что никогда не откажетесь от себя, чтобы попытаться угодить другим или приспособиться к их требованиям. Главный парадокс заключается в том, что по мере того, как вы постигаете приверженность собственной жизни, вы постигаете науку заботы о других людях в условиях полной гармонии и взаимности.

Что вы сможете создать, выбирая приверженность собственной жизни?

ЕДИНЕНИЕ С ЦЕЛОЙ ВСЕЛЕННОЙ

Как мы уже обсудили, когда вы оказываетесь в незримой клетке насилия, вам может показаться, что вы плывете против течения, борясь, преодолевая препятствия или переживая одну катастрофу за другой. Вам кажется, что весь мир обернулся против вас.

Я тоже достаточно долго считала именно так. Я думал, что все были против меня. Мне казалось, что я должна все делать сама.

В этом и кроется главная *ложь*.

Истина заключается в том, что Вселенная делает все, чтобы благословить вас, культивируя вашу радость и ваш успех. Все, что вам нужно сделать, это постичь основы единения со Вселенной, открывая себя для богатств, которыми с вами готовы и *хотят* поделиться другие люди.

Вам нужно просто научиться спрашивать.

Как только вы научитесь спрашивать и получать желаемое, вы с удивлением узнаете, что Вселенная таит в себе гораздо больше материалов для созидания, чем вам казалось.

Что вы можете создать, достигнув единения со Вселенной?

СОЗДАВАЙТЕ СОБСТВЕННУЮ ЖИЗНЬ

Попробуйте завести новую беседу Вселенной, задавая такие вопросы:

- *Что такое веселье именно для вас?*
- *От чего у вас огонь в глазах?*
- *Как могла бы измениться ваша жизнь, если бы вы смогли поставить ее во главу угла?*
- *Что вы смогли бы выбрать для себя, просто перестав думать о потребностях других людей?*

Что бы изменилось в этот момент?

Делая шаг за шагом на пути к тому, чего вы действительно желаете, вы научитесь создавать бескрайне вдохновляющую реальность в вашей жизни.

Вы станете истинным творцом, а не разрушителем своей жизни.

А разве может быть что-то более важное и прекрасное?

БЕСКРАЙНЯЯ ЭНЕРГИЯ ТВОРЧЕСТВА

Используя четыре подаренных вам ключа, вы сможете выйти из клетки и пройти по мосту в мир радикальной ясности жизни, принимая решение за решением, не разрушая, а созидая.

Для начала проверьте вашу клетку на прочность. Вы увидите, что она соткана изо лжи и ограничений, которым нет места в вашей жизни. Будьте готовы забыть слова той самой заезженной пластинки: "Я не могу, я не знаю, что мне делать... Со мной что-то не так".

Как только вы начнете проверять вашу клетку на прочность, пытаясь узнать о том, что творится за ее пределами, вы начнете постепенно покидать ее, следуя по мосту в мир радикальной ясности жизни. Такое стремление к тому, что прячется за пределами клетки насилия, станет мощным катализатором, который будет двигать вас вперед.

Что вы хотите создать прямо сейчас? Выбирайте это! Откройте для себя пространство новых возможностей.

В следующей главе мы поговорим о том, какая энергия таится внутри вас.

Именно эта энергия позволит вам создать жизнь вашей мечты.

3

СОЗИДАНИЕ НА РУИНАХ СОБСТВЕННОЙ ЖИЗНИ

"Мне кажется, что наш мир полон удивительных вещей, которых мы пока не встретили на своем пути. Поэтому никогда не отказывайтесь от шанса встретить их".

- Джоан Роулинг (пост в Твиттере)

Будучи действующим наставником и целителем, я работаю в царстве осознанности, помогая людям менять их жизни, постигая радикальную ясность бытия. Учитывая, что многие из моих клиентов подвергались насилию в своей жизни, трансформация, которую им предстоит совершить, может быть оказаться довольно впечатляющей и драматичной.

Если бы мне предложили выбрать основной залог успеха такой трансформации, я бы сказала, что это осознание собственной способности использовать энергию, которую можно описать так: *"Это будет моим! Несмотря ни на что".*

Выбирая такое пространство для жизни, вы почувствуете, что внутри вас горит огонь. Он пылает, насыщая вас энергией, растворяя пространство, сжигая бесполезные методики и работая до тех пор, пока вы не окажетесь там, где задумали и где вы хотите быть.

Энергия *"Это будет моим!"* позволяет понять очень важную вещь: совершенно неважно, откуда вы родом, неважно, какая у вас история, неважно, какое насилие, травму или ужасную трагедия вам пришлось пережить, какие отношения не сложились, какие финансовые потери вам пришлось пережить, или какие конфликты встретились на вашем пути. Вы получите то, что хотите, во что бы то ни стало.

Вы станете похожи на огонь, который пылает внутри вас. Вы будете охватывать все окружающее пространство, двигаясь во все стороны и направляя себя в неведомые дали, прямо за горизонт, за которым таится неизвестность. Ради чего? Ради того, чтобы отбросить все бесполезное и ненужное, добиваясь столь желанных перемен.

"Это будем моим! Несмотря ни на что".

На первых порах вам может быть немного трудно. Я сразу вспоминаю пословицу: "Кто не работает, тот не ест!". Но ее вряд ли можно использовать в нашей ситуации. Дело в том, что энергия *"Это будет моим!"* строится на простом правиле. От вас лишь требуется осознанное желание двигаться вперед, преодолевая преграды, которые, казалось бы, должны отбросить вас назад. На самом деле, вы можете сказать: "Да, в этот раз не получилось. Но именно наличие выбора порождает осознанность. *"Это будем моим! Несмотря ни на что".* Какой следующий шаг я предприму?"

После этого, просто сделайте выбранный шаг.

КАК ДАЛЕКО ВЫ СМОЖЕТЕ ЗАЙТИ?

Приведу вам одну из своих клиенток в качестве примера. В тот самый момент, когда ее десятилетний брак буквально рушился на глазах, она прислушалась к себе и поняла, что хочет ребенка. Она всегда хотела ребенка, но у нее всегда был целый ряд причин отказаться от этого. Тем не менее, желание иметь ребенка сжигало ее изнутри.

В это самое время мы активно работали вместе, стараясь услышать шепот ее сознания. Когда это случилось, все начало стремительно меняться. Она была полна решимости завести ребенка, несмотря ни на что. Именно в этот момент она начала принимать важные решения, необходимые для создания желаемого. Она развестись и родить ребенка для себя. На первых порах ее ждали одни преграды и препятствия. Врачи-репродуктологи отказывались работать с ней, узнавая о разводе. Когда ей все-таки удалось забеременеть, она столкнулась с дискриминацией как мать-одиночка в своей компании несмотря на то, что была высокопоставленным сотрудником на престижной должности.

Тем не менее, чем больше все разваливалось на части, тем активнее она действовала и работала над тем, чтобы обрести полную осознанность.

Получается, что она решила: "У меня будет этот ребенок. Я чувствую энергию, которая царит вокруг себя, и я не собираюсь отказываться от этого. Я хочу создать такую реальность для себя. Что мне нужно сделать, чтобы это произошло? Какой способ окажется верным?" Именно в этот момент она прислушалась к шепоту сознания и нашла способ забеременеть, используя самый прагматичный подход. По сути, она решила использовать целительную силу энергии, придерживаясь принципов *"Это будем моим!"* и *"Я выбираю собственную жизнь, несмотря ни на что!"*

ПОВЕЛЕВАЙ И ВЛАСТВУЙ

Вне зависимости от того, с какой проблемой вы столкнулись, вас все равно ждет светлое будущее. Вам нужно найти этот лучик света и пойти за ним, чтобы оказаться в мире новых возможностей. При этом вам не придется ограничивать себя, лишаться чего-либо, а также выжимать из себя все силы, чтобы сделать это.

Вместо этого, вам придется выйти из мира обязательств, клятв, обетов, соглашений, наследия, верований и физических привычек, которые говорят вам: "Вы не сможете получить все, что пожелаете. Вы не имеете права озвучивать свои желания. Вы не можете создать свою жизнь так, делая ее такой, какой хотите именно вы".

Как только вы переступите через порог незримой клетки, многие люди из вашего окружения могут испугаться. Они могут подумать, что ваше желание жить ради себя — это излишняя требовательность. Обычно, это вызвано тем, что они были воспитаны излишне требовательными родителями или другими людьми, поэтому не понимают разницы. Вы занимаете четкую позицию и говорите: "Все это будет моим!", при этом, в ваших словах нет оттенка насилия или оскорбительности. Такие подходы различаются по своей сути и ведут к совершенно разным целям.

Главная проблема заключается в том, что многие люди просто не верят, что они могут повелевать своей жизнью, получая желаемое и наслаждаясь простотой. Поэтому, они просто живут, ожидая непонятно чего. Они ждут, пока кто-то другой решит измениться. Они хотят, чтобы кто-то другой начал творить и добиваться успеха, чтобы они могли ухватиться за их достижения и поменять себя.

Стараясь использовать достижения других людей, они становятся паразитами, высасывающими энергию. Они ничего не создают для развития своих отношений и бизнеса. Они идут в противоположную сторону. *Они не хотят получить все здесь и сейчас!* Они выбирают такой подход: "У них получилось, а я посмотрю, что именно я могу взять от них!"

Такое положение дел никак не способствует дальнейшему преобразованию их жизни. Они не могут стать первопроходцами, создавая что-то новое при поддержке других людей и Вселенной.

Тот мир, в котором они живут, приводит их в состояние постоянной скуки. Они проводят жизнь в подвешенном состоянии, ожидая, когда изменится то, что окружает их. Без всяких сомнений, такие люди желают чего-то большего и постоянно говорят об этом, но у них никогда не будет времени созидать и творить что-то новое. Как правило, их мысли ходят по кругу, словно собака, которая бегает за своим хвостом:

"Почему все это продолжает происходить со мной? Мне так сложно со всем этим справляться. У меня никогда ничего не получается, что бы я не делала. Почему все так сложно? Почему у других получается, а у меня - нет?"

Они живут в небольшом мирке, который я описала, как незримую клетку с прутьями из отрицательной энергии, из которой они не могут вырваться.

Вы хотите узнать, как применяется правило "повелевай и властвуй" в разных ситуациях? Например, находясь на работе, вместо того чтобы пассивно наблюдать за происходящим, вы должны выбирать активный подход к работе. Такой проактивный подход предполагает наличие определенных требований к собственному карьерному росту, постановку четких целей и активное создание новых возможностей. Другими словами, вы должны встать и сказать: "Я вижу свой карьерный путь следующим образом. Я сделаю все, чтобы воплотить его в жизнь".

Именно такой образ мышления расширяет возможности и может привести к переходу на качественно иной уровень профессиональной жизни. В сфере бизнеса вы должны создавать новые идеи, активно формируя стратегию и траекторию развития вашего дела. Вы должны осознавать разницу между совместной работой во благо бизнеса и простым извлечением выгоды, используя усилия других людей.

Тем не менее, вы должны быть предельно осторожными в отношениях. Вы должны понимать разницу между обеспечение ваших потребностей и превращением в самодура. Вы не должны подавлять других ни при каких условиях. Наоборот, речь идет о том, чтобы четко выражать свои желания и ожидания в ваших отношениях. Здоровое и открытое общение позволяет создать более крепкие отношения. Вы должны понимать, что именно пассивный подход в отношениях часто приводит к формированию неудовлетворенных потребностей и желаний, которые порождают разочарования и неудовлетворенность.

Когда вы сталкиваетесь с новыми препятствиями, вы можете использовать метод "разделяй и властвуй", чтобы превратить испытания судьбы в новые возможности для роста и поиска решений. Получается, что вы не должны сдаваться, сталкиваясь с новыми трудностями, четко понимая, что перемены появятся в вашей жизни только при наличии намерений и усилий.

ОБРЕТАЯ СВОБОДУ

Незримая клетка вашего насилия состоит из четырех основных элементов, которые я назвала "Четыре О". Мы поговорим о каждом из них в шестой главе данной книги, а сейчас просто назовем их:

- Отделение
- Отрицание
- Оборона
- Отключение

Работая с клиентами, я помогаю им найти и выявить незримую клетку насилия, чтобы они могли не просто открыть ее и выйти на свободу, но и навести мосты в мир радикальной ясности жизни, используя энергию *"Это будем моим! Несмотря ни на что"*.

Как мы обсудили в прошлой главе, мир радикальной ясности жизни также состоит из четырех основных элементов:

- Выбор себя
- Приверженность себе
- Единение с собой и понимание, что Вселенная - на вашей стороне
- Созидание жизни вашей мечты

Ожидая перемен, вы отказываетесь от выбора. Вы лишаете себя новых возможностей, оставляя себя в мире постоянных травм и бесконечной драмы метаний из стороны в сторону. Вы лишаете себя права на выбор, отдаваясь миру разрушения, который загоняет вас вглубь незримой клетки насилия.

ВАЖНОСТЬ БЕЗГРАНИЧНОЙ ЭНЕРГИИ

Энергия *"Это будем моим!"* строится на базе состояния, которое психологи называют пронойя.

В своей книге *"Пронойя или противоядие от паранойи. Расширенная версия книги о том, как весь мир хочет благословить вас"*, Роб Брезный называет состояние пронойи лекарством от паранойи. Пронойя — это понимание бесконечной доброты нашей Вселенной. Пронойя — это инструмент для тренировки и развития ваших чувств и интеллекта, который помогает вам осознать тот факт, что жизнь всегда дает вам именно то, чего вы желаете, а также тогда, когда вы этого действительно хотите.

Вы можете стать творцом, обладающим такой силой, которую не способно остановить ни что в этом мире. Быть может, вам придется сделать несколько непростых движений, постигая мир вокруг вас до тех пор, пока вы не обретете полную концентрацию и понимание того, чего вы действительно осознанно желаете. На первых порах вам будет казаться, что ваша жизни начала разваливаться на части. Уверена, что вы, скорее всего, поначалу будете бороться с этим. Я сделаю все, чтобы вы поняли, что такое положение дел — это знак того, что Вселенная решила благословить вас. Такое чувство разрушения — это естественная и неотъемлемая часть процесса создания.

ЯРКИЙ ЛИЧНЫЙ ПРИМЕР

Совсем недавно я готовилась к шестинедельной поездке для работы с клиентами, как вдруг, на меня свалился неожиданный груз непомерных финансовых расходов. Сначала я сказала себе: "Я просто не могу взять и бросить все это. Мне нужно активнее работать, что оплатить все это и остаться на плаву. Я не могу просто взять и сесть в самолет, чтобы отправиться в путешествие и помочь другим людям. Как я могу сделать это, если у меня самой куча проблем?"

Это был голос той части моей души, которая всегда говорит: "У тебя ничего не получится. Вот видишь? Я же говорил тебе, что ты никогда не сможешь этого получить". Я с удивлением отметила, что, каждый раз, когда мы двигаемся вперед, мы начинаем выдумывать опасности, которые таятся впереди, чтобы лишить себя волшебной силы созидания.

Все мы знаем, что беда не приходит одна, поэтому на личном фронте все начало рушиться с еще более катастрофической скоростью. Мой партнер решил оставить наши отношения, не принимая мои чувства и желания во внимания. Я бы никогда так не поступила. Я бы предпочла поговорить и найти способы совместного решения проблемы, четко понимая, что иногда никто не сможет заменить меня, что бы я ни делала.

Давайте подумаем о том, что можно сделать, когда кто-то принимает решение за вас, а такое решение вам не нравится? Вы должны сделать свой выбор и принять свое решение. Используйте энергию *"Это будем моим! Несмотря ни на что"*.

Именно поэтому я решила уехать на шесть недель. Я решила положить конец своим отношениям. Я выбрала себя и была уверена в том, что Вселенная решила благословить меня. Я понимала, что смогу добиться новых высот, заработав еще больше денег и решив свои финансовые проблемы.

А знаете, что самое приятное? Я прислушалась к внутреннему голосу и смогла получить от Вселенной даже то, о чем не могла мечтать. Да, мне пришлось преодолеть несколько препятствий, но я смогла открыть для себя новые горизонты. Я изменилась раз и навсегда, выбрав собственную жизнь.

ЭТО БУДЕМ МОИМ! Я ВЫБИРАЮ ТАКУЮ ЖИЗНЬ!: Я ВЫБИРАЮ СЕБЯ!

Эта энергия строится на желании отпустить все, что у вас есть. Вы должны быть готовы потерять все, чтобы получить все, что вы хотите. Поначалу, вам может казаться, что вы совершаете ошибку. Но, как только вы присмотритесь повнимательнее, вы обнаружите, вы хотели избавиться от всего этого, потому что обладание такими вещами никак не помогало вам.

А теперь, давайте посмотрим правде в глаза.

Если вы хотите получить все лучшее, то, возможно, вам придется отказаться от всего достаточно хорошего, что есть в вашей жизни. При этом отказ от ранее созданной структуры может быть самой сложной частью. Если говорить обо мне, то мне было просто отпустить все ради изменений и перемен. Основная проблема моей реальности заключалась в том, что я верила, что каждый аспект моей жизни должен быть адаптирован к такой реальности. Все поменялось в тот день, когда я постигла дух перемен и смогла принять решение, используя энергию *"Это будем моим! Несмотря ни на что"*, открывая для себя мир радикальной ясности жизни. Я готова потерять что угодно и кого угодно, но я никогда не потеряю себя.

Используйте свое чутье и внимание на этапе разрушения, чтобы почувствовать энергию перемен. Очень часто она будет представлять собой реальные перемены, которых вы так хотели в течение длительного времени. Именно это я и чувствовала, наблюдая со стороны как вся моя жизнь трещит по швам прямо у меня на глазах, превращаясь в ничто. Оказавшись под шквалом разнообразных эмоций, я не сдалась и сказала себе: *"Это будет моим!"*, понимая, что все перемены и разрушения, которые я вижу, нужны для создания новой реальности.

Я с удивлением поняла, что лучшее, что мне можно сделать, противоречит интуиции. Я поняла, что готова отдаться этому пламени разрушения, которое сожжет все дотла и приведет меня в новый мир бесконечного счастья и света. Мы очень часто сдаемся прямо перед тем, как все изменится.

Я хочу раскрыть вам еще один секрет.

А что, если процесс разрушения — это основа созидания?

Энергия *"Это будет моим!"* меняет вашу жизнь, и все выглядит так, будто разваливается на части. Но что вы скажете, узнав, что процесс разрушения — это основа созидания?

Именно в этот момент вы могли бы принять прагматичное решение и отказаться от того, чего вы действительно желаете. Вы можете сказать себе: "Нет! Я могу и хочу создать это, я могу сделать это, я требую этого, я едина со Вселенной, я выбираю себя, я посвящаю себя себе и создаю свою жизнь, которая будет соткана из всего самого лучшего".

Просто примите тот факт, что Вселенная решила благословить вас, поскольку вы выбрали свое предназначение, несмотря на страх перед переменами. Посмотрите на то, как устроена наша природа. Что происходит после пожара в лесу? Новая жизнь наполняет лет и все начинает расти снова.

В процессе творчества всегда должен быть мощный прорыв, который вызывает перемещение в бескрайнее пространство выбора и созидания. Подумайте об учении Фэн-шуй, используя правила которого, вы передвигаете вещи и выстраиваете их таким образом, чтобы создать более гармоничную среду. Энергия *"Это будем моим!"* — это процесс перемещения и перестраивания молекул внутри вас. Такая энергия позволяет наслаждаться радикальной ясностью жизни, которую вы никогда не испытывали доселе.

ВСЕ ДЕЛО В РЕШЕНИЯХ, ПРИНЯТЫХ ВАМИ

Энергия *"Это будем моим!"* таит в себе мощный творческий потенциал, который, по своей сути, противоположен пассивному ожиданию. Люди, которые ждут, пока все изменится, или ждут знака, просто хотят найти себе оправдание. Вы ставите себя в такое положение, когда вам придется ждать очень долго.

Я очень спрашиваю людей: "Разве вы недостаточно долго ждали, чтобы наконец-то не сместить фокус и внимание на себя? Быть может, в вас таится та энергия, которую вы так ждете?"

Понимаете ли вы, что вы можете сохранить свою жизнь, даже проживая ее вместе с другими людьми? Именно такой подход я использую при работе в центральном офисе моей компании "Live Your ROAR®" LLC. Каждый сотрудник стал частичкой успеха, чтобы вы могли выйти за рамки мира насилия, наслаждаясь радикальной ясностью жизни. В нашей компании нет места самодурству руководства. Мы задаемся вопросом о том, чего хочет наш бизнес, после чего приступаем к созданию желаемого. Мы подчиняемся запросам нашего бизнеса, а Вселенная благословляет нас, исполняя наши пожелания.

Если вы один из тех, кто владеет энергией *"Это будем моим! Несмотря ни на что!"*, то вам будет трудно находиться рядом с людьми, которые просто "ждут" чего-то. Давайте предположим, что вы владелец малого бизнеса и у вас есть сотрудник, у которого есть проблемы при работе с деньгами. Я уверена, что вы не знали об этом, когда нанимали его или ее на работу, назначая на должность, где этот человек отвечает за деньги. Чуть позже, когда вы решаете узнать что-то о важном для вас платеже, вы замечаете, что этот человек оправдывается или говорит следующие слова: "Да, мне удалось поговорить с клиентом. Клиент сообщил, что оплата уже прошла". А вы уже знаете, что оплаты не было и не будет. Вы стараетесь не замечать этого.

Но все повторяется снова и снова.

Дело в том, что, не умея зарабатывать деньги для себя, они блокируют процесс получения денег для вашего бизнеса. Они просто сидят и ждут оплаты, что может разрушить ваш бизнес и отношения.

Когда мы говорим о деньгах, важно понимать, что у человека должна быть особая сила, которая позволяет получать деньги и работать с ними. Другими словами, у вас должна быть энергия *"Это будем моим! Несмотря ни на что"*.

Энергия *"Это будем моим!"* подразумевает возможность создания безграничного пространства благополучия. Вне зависимости от вашей текущей ситуации процесс созидания всегда строится по одному и тому же принципу. Как только вы начнете приближаться к цели, ситуация вокруг вас начнет накаляться, а мир вокруг - разрушаться.

Именно в этот момент вы должны отпустить все, используя энергию *"Это будем моим!"*, чтобы обрести единение со Вселенной и получить право выбора. Все зависит от того, готовы ли вы позволить реальности радикальной ясности жизни благословить вас и позволить помочь вам.

Здесь важно поговорить об одной хитрости.

Такая готовность получить поддержку от вселенной подразумевает кое-что очень важное.

Вы должны научиться получать то, что заслуживаете. Я заметила, что именно на этом моменте люди, пережившие насилие, часто сталкиваются с проблемами.

По правде говоря, они не могут свыкнуться с мыслью, что они могут что-то получить.

Теперь мы должны поговорить с вами о том, как научиться принимать широкий спектр благ, уготованных вам судьбой.

4

___

ШИРОКАЯ БУРНАЯ РЕКА ДОБРОТЫ, КОТОРАЯ ТЕЧЕТ ВНУТРИ ВАС

"Именно доброта может помочь добиться очень многого. Подобно тому, как солнце заставляет таять лед, доброта позволяет избавиться от непонимания, недоверия и враждебности".

- Альберт Швейцер

Стоит начать с того, что вы были рождены, чтобы нести доброту. И я ничего не придумываю.

Если верить статье в журнале *"Scientific American"* под названием "Выживает не самый сильный. Все дело в доброте", то работа нашего мозга построена именно на принципах доброты.

Я не пытаюсь сказать, что все люди добры по умолчанию, но это врожденный дар каждого человека.

Я хочу, чтобы вы пересмотрели свое отношение к доброте. Я уверена, что вы не понимаете, что доброта — это не просто хорошая мысль или какой-то полезный поступок, который помогает окружающим вас людей.

Доброта — это великая сила и ваше могущество, которое, как изящно выразился Альберт Швейцер, "уничтожает непонимание, недоверие и враждебность".

Если в вашей жизни имели место любые формы насилия, уверена, что вы наверняка захотите узнать об источнике доброты, спрятанной внутри вас.

Я не могла найти этот источник доброты вплоть до достижения возраста 20 лет, когда одна из моих преподавательниц остановила меня, чтобы узнать, все ли со мной в порядке. Она обратила внимание на язык моего тела, который сформировался за двадцать лет насилия, травм и осуждения, которые сопровождали меня на всех этапах моего становления. Я постоянно горбилась, опуская голову ниже плеч, скрываясь от незримых побоев и психологических травм.

Кроме того, на моем поведении и образе жизни сказалось и сексуальное насилие, с которым я столкнулась в детстве, работая моделью. Уверена, что все признаки пережитого насилия были очевидны наметанному глазу моей преподавательницы. Насилие отразилось не только на том, как я вела себя и какую походку использовала, но и на том, как я относилась к себе и окружающим.

Я называю все эти черты соматическими признаками пережитой травмы. Они становятся неотъемлемой частью нашей физической и энергетической структуры, будучи интегрированными и зафиксированными в нашей клеточной и молекулярной структуре.

Кажется, что это непосильная ноша, не так ли? Вам может показаться, что вы оказались заточены в неприступной крепости.

Тем не менее, вы можете использовать "осадное орудие" доброты, чтобы разрушить крепость.

НЕПРИСТУПНАЯ КРЕПОСТЬ ОСУЖДЕНИЯ

Давайте поговорим о том, как устроено осуждение.

Само по себе явление осуждения существует много тысяч лет. Люди превратили его в навык, но главная проблема заключается не только в этом.

Осуждение вплетено в структуру нашей ДНК. Мы наследуем этот навык. Мы рождаемся и оказываемся частью коллективного сознания, принимая то, что хранится в нем веками и наследуя это. Другими словами, так будет происходить до тех пор, пока кто-нибудь не разорвет порочный круг. Мы наследуем то, что совершили наши праотцы.

Итак, что же нужно, чтобы разорвать порочный круг?

Какой хороший вопрос.

Прежде чем мы это сделаем, как может укорениться процесс осуждения в вашей жизни, *если вы не избавитесь от него.*

- Постоянное осуждение заставляет вас лгать самим себе, отправляя вас в незримую клетку насилия, которая скрывает вас от самых себя, от людей, от хорошей жизни и от воплощения ваших самых смелых планов в жизнь.
- Процесс осуждение — это странная форма стеснения и самоограничения, инструмент для саморазрушения и широко распространенная форма *самобичевания.* Осуждение — это полная противоположность активной экспансии. Поддаваясь осуждению, вы становитесь жертвой, лишаетесь сил и чувств, оказавшись в заточении собственных страхов. Именно поэтому вы перестаете

созидать и жить за пределами незримой клетки. Вы ставите собственную неуверенность и слабость во главу угла и продолжаете цикл насилия.

- Осуждая себе, вы продолжаете самобичевание, все больше замыкаясь в мире собственной никчемности и неправильности. Осуждение позволяет вам убедиться, что вы действительно ужасны, гарантируя, что вы никогда не сможете добиться большего, чем имеете сейчас. Осуждение укрепляет незримую клетку насилия.

- Когда вы осуждаете другого человека, вы обороняетесь, отключаетесь, отрицаете и отделяетесь от тех черт и качеств, которые вы просто не хотите видеть в себе. Мы уже говорили о "Четырех О", которые изолируют вас от внешнего мира, не давая вам наслаждаться единением и причастностью к собственной жизни.

- Кроме того, я часто называю осуждение "навязанным принятием". Почему? Если присмотреться, то вы заметите, что вы заставляете себя принимать осуждение других людей, особенно в случаях насилия над вами, когда вам навязывают нечто чуждое, но вы не можете взять и отказаться. В ходе такого процесса у вас появляются похожие на пики, острые иглы ежика или дикобраза, которые могут отпугивать людей, не давая им сблизиться с вами или найти общий язык.

По сути, процесс самобичевания — это сопротивление реальности, которое мы используем, чтобы защитить себя. Мы привыкли использовать их с самого детства либо потому, что видели и слышали их, либо потому, что решили использовать их в ответ на определенные события в нашей жизни. Постепенно такие решения стали привычками и призмой, через которую мы смотрим на жизнь, отдавая штурвал от нашей жизни посторонним людям.

Главная проблема заключается в том, что, продолжая использовать такое поведение в повседневной жизни, мы отсекаем мир новых возможностей, лишая себе той ценности, которую мы могли бы получить в противном случае.

Я потратила большую часть своей профессиональной карьеры именно на достижение этой цели, то есть на избавление от осуждения, которое позволяет начать новую жизнь.

К тому же я придумала собственный термин для этого явления. Радикальная оргазмически-живая реальность. Вам кажется, что это звучит довольно странно?

ВСЕЛЕННАЯ ВОЗМОЖНОСТЕЙ СПРЯТАНА В ВАС

Вы должны понять, что изначально вы были созданы для созидания, изобилия и постоянного расширения знаний.

Проводя время в тесном углу за столиком, вы можете чувствовать себя совершенно иначе. Именно поэтому прогулки на свежем воздухе - лучший способ обрести такие знания и повысить собственную осознанность.

По сути, вам не придется ничего делать.

Вы поймете все это на интуитивном уровне.

Одна из причин, по которой пребывание на свежем воздухе настолько важно, заключается в том, что земля — это единственное место в нашем мире, где нет места осуждению. Это удивительное место, в которое вы можете возвращаться снова и снова, чтобы освободиться от тяжкой ноши осуждения и ощутить покой и бескрайние горизонты, которые ждут именно вас. Передавая тяжкую ношу осуждения земле, вы совершаете акт доброты.

Удобряя землю "навозом" из осуждения, вы в буквальном смысле создаете новую возможность для себя и всех остальных.

Итак, что вы можете предпринять?

Первое и самое важное. В тот момент, когда вы освобождаетесь из незримой клетки насилия, которая удерживает вас в роли жертвы, перед вами открывается целый мир. Оказавшись в этом безграничном пространстве, вы понимаете, что вы можете выбирать собственную жизнь и отношения с другими людьми.

Приведу свой пример. В тот момент, когда я обнаружила, кем я являюсь на самом деле, не будучи лишь замкнутой, несчастной, склонной к саморазрушению девушкой, я узнала, что я добрая, блестящая, феноменальная и даже забавная.

Разве нужно кого-то ждать, чтобы увидеть все это в себе?

По мере того, как вы принимаете новые решения, вы начинаете становиться более уверенными в себе. Старые модели из мира насилия больше не имеют над вами власти. Вы наконец-то обретаете власть над историей насилия в вашей жизни, а вместе с ней - возможность выбирать собственную новую жизнь.

Вы строите свою жизнь не на разрушении, а на возможности выбора.

Я понимаю, что все это может показаться трудной задачей, потому что многие хотят оставаться в роли жертвы, ведь это гораздо проще, чем жизнь за пределами клетки. Я постоянно сталкиваюсь с этим при работе с новыми клиентами, которые обращаются ко мне за помощью. Вы можете чувствовать себя жертвой обстоятельств, как я в своем прошлом. Вам кажется, что вы ничего не можете сделать, чтобы изменить сложившуюся ситуацию.

В этом и кроется главная ложь.

Все предельно ясно и просто.

ДОБРОТА - БЕСКРАЙНЯЯ ЭНЕРГИЯ СОЗИДАНИЯ

Обычно, дети, которые подверглись насилию, считают, что они плохие и неправильные. Например, мне потребовалась беседа со специалистом по вопросам насилия в семье в старших классах и ее помощь, чтобы понять, что со мной все в порядке.

Она оказалась первым человеком, который спросил меня о том, что я чувствую. Ее доброта буквально наполнила меня пониманием моей *проблемы*. Только благодаря ее поддержке, я начала понимать, что могу сделать шаг вперед, чтобы преодолеть историю насилия в своей жизни. Кроме того, я поняла, что однажды я смогу перестать выживать и просто начну жить.

Мне казалось, что она дала мне тайный ключ, чтобы я могла освободиться из незримой клетки насилия.

Я стала замечать в себе разрушительные и деструктивные модели поведения, которые я лишь укрепляла своим безрассудным поведением. Именно в этот момент я решила что-то изменить. Хочу отметить, что я не смогла бы сделать этого сама. Благодаря всесторонней поддержке и нашим личным беседам я, наконец-то, смогла рассказать свою историю насилия, с которой я жила почти три десятилетия.

Как только я сделала это, моя незримая клетка насилия стала разрушаться. Я поняла, что мне больше не нужны барьеры и стены, которые я воздвигла, чтобы защитить себя. Я постепенно осознала, что я могу выбирать другую жизнь и другой формат отношений как с собой, так и с другими людьми.

Еще раз подчеркну, что все поменялось после единственного проявления доброты, которое помогло уничтожить "непонимание, недоверие и враждебность".

Очевидно, что не всякое проявление доброты приводит к такому результату. Доброта многогранна и многолика. Это может быть как простейшее действие, например улыбка, до длительной помощи, которая сможет изменить вашу жизнь. Она может быть случайной, появляясь без каких-либо причин, а может стать ответом на потребность другого человека.

Я хочу отметить, что такая доброта не может быть чуждой вам, ведь, как я говорила в самом начале, доброта уже *скрыта внутри вас*.

Вам не придется преодолевать большие расстояния, чтобы найти ее, но именно осуждение может не позволить вам добраться до нее. Если вы не можете проявлять доброту, попробуйте оглянуться вокруг, чтобы найти проявления осуждения, которые не дают вам видеть дальше своего носа.

Начните задавать себе подобные вопросы:

- *"Поступая так, я проявляю осуждение или доброту?". Задавайте такие вопросы в отношении использования денег, ваших личных отношений, своего тела и других аспектов вашей жизни.*
- *"Я открываю новые горизонты или вновь ограничиваю себя?"*
- *"Это дается мне легко или слишком тяжело?"*

Выбирая себя и принимая доброту к себе, которая исходит как от вас, так и от других, вы сможете открыть новое пространство энергии и осознанности. Это пространство даст вам все необходимое, позволяя обрести радикальную ясность жизни, адаптированную *именно для вас*.

Доброта открывает новые грани жизнелюбия и строится всего на четырех основных элементах.

Давайте рассмотрим каждый из них.

1. *Поддерживайте* то, что подходит именно вам;
2. *Изучайте,* что именно находится перед вами;
3. *Выходите за рамки* известной вам доброты и осведомленности;
4. *Воплощайте в жизнь* изменения, которые подходят именно вам.

Я хочу отметить, что освоить навык доброты — это все равно что выучить новый язык. В моей ситуации, я совершенно не знала, как говорить на таком языке. Мой родной язык, которым я пользовалась дома, был совсем иным. Мне потребовалось некоторое время, чтобы не просто выучить его, но и овладеть им в совершенстве.

Каждый язык таит в себе творчество и креативность, поэтому ваш новый язык обладает теми же качествами, наполняя вас энергией открытия новых горизонтов.

Самое важное заключается в том, что, отказавшись от осуждения, и сделав выбор в пользу энергии доброты и вежливости, вы можете от всех проявлений безразличия и истории насилия, перестав наконец-то обороняться.

Вы можете сбросить защитные иглы дикобраза, принять изобилие вашей жизни и раскрыть свою истинную суть, поняв, какую важную роль вы играете для себя и целого мира. Оказавшись в новом мире, вам предстоит открыть для себя более приветливое и хрупкой пространство, которое подарит вам атмосферу таинства и безопасности.

Вам предстоит открыть для себя великую реку изобилия.

Она таится в этом пространстве, давая возможность получить все, что вы хотите.

Все, что вам нужно сделать, это принять осознанное решение, шагнуть в это пространство и позволить ему вести вас по течению этой бурной реки изобилия. Все предельно просто, а вам нужно сделать всего один шаг.

В нашей следующей главе мы подробнее поговорим о том, как нужно получать, то, что вы заслуживаете, а также обсудим основы энергии соблазнительного принятия.

5

ЭНЕРГИЯ СОБЛАЗНИТЕЛЬНОГО ПРИНЯТИЯ, СКРЫТАЯ В ВАШЕЙ ЧАРУЮЩЕЙ СУТИ

"После всего, что случилось я четко поняла, что хочу делать. Я хочу отдавать энергию и получать ее обратно в форме аплодисментов. Я просто без ума от этого. Это мой мир. Я просто без ума от этого. Мне нравится жить в нем. Я живу ради этого".

- Эрика Баду

Я очень надеюсь, что к настоящему времени вы уже понимаете, что вы оказались в этом мире, чтобы прожить гораздо более интересную жизнь, чем вы себе представляли до сих пор.

Несмотря ни на что".

Возможно, вам, как и мне, предстоит перешагнуть через десятилетия насилия, чтобы постичь радикальную ясность жизни. Понимая, что мне удалось добиться невиданных высот и воплотить в жизнь свои самые смелые мечты, я уверена, что у вас тоже получится. Я могу судить об этом по своим клиентам.

Я не знаю, было ли в вашей жизни насилие, но, раз вы читаете данную книгу, вы четко знаете, что в вашей жизни появилась ловушка или клетка, которая не дает вам получить то, чего вы действительно заслуживаете.

Самое важное заключается в том, что ключ от этой *незримой клетки* спрятан внутри вас.

ЧТО ТАКОЕ ПРОЦЕСС ПОЛУЧЕНИЯ И ПРИНЯТИЯ?

Получение и принятие — это простое действие, которое вы совершаете ради кого-то или чего-то, не встречая преград. Получение и принятие — это интимное пространство уязвимости, открытости и единства со всем сущим. Получение и принятие не имеет границ или правил. Оно не носит характер принуждения. Это лишь способ создания *пространства* принятия в *вашем сознании*.

Для того чтобы постичь эту энергию и создать пространство принятия в вашем сознании, вам нужно представить, что вы так же величественны, как наша планета. Постигая такое величие, вы являетесь всем и ничем сразу. Вы стали частью всего сущего, получив связь на молекулярном уровне, постигая знания обо всем, что существует в нашем мире.

Такая энергия получения и принятия дает вам абсолютную власть, абсолютный выбор, абсолютную осознанность и абсолютную силу. Она строится на вашей уязвимости и способности быть лучшей версией себя.

Каким был стал наш мир, если бы каждый из нас открыл для себя энергию принятия и получения?

В условиях современного мира энергия получения и принятия потерялась в войнах, конфликтах, насилии и терроре, которые *противоречат сути* энергии получения и принятия. Энергия получения и принятия созидает, а насилие - уничтожает. Энергия получения и принятия создает, а войны - разрушают. Энергия получения и принятия ведет к общению, а конфликты - к изоляции. Энергия получения и принятия формирует устойчивость, а террор исключает выбор. Делать выбор — значит получать.

Получать и принимать — значит выбирать за пределами формы и структуры вашей реальности.

Энергия получения и принятия — это величайшее оружие, которым мы располагаем. Именно энергия получения и принятия создана, чтобы уничтожить устаревшие способы бытия.

ЭНЕРГИЯ ПОЛУЧЕНИЯ И ПРИНЯТИЯ. ЧТО ЭТО ТАКОЕ?

Энергия получения и принятия — это сила, которая нужна для того, чтобы жить той жизнью, которую вы заслуживаете и желаете. Кроме того, вы можете блокировать ее, если в вашей жизни имело место насилие.

Как понять, блокируете ли вы энергию получения и принятия?

- Вы хотите полного единения, но чувствуете, что застряли в отношениях, которые вас не удовлетворяют.
- Вы хотите построить успешную карьеру, но понимаете, что достигли мертвой точки.

Вы не понимаете, почему вы не зарабатываете больше.

- Вы мечтаете быть абсолютно здоровым, но боретесь с хроническим заболеванием.

В процессе исцеления своей души я обнаружила, что насилие и блокировка энергии получения и принятия неразрывно связаны между собой. Тем не менее, у меня есть способы высвободить энергию получения и принятия в вашей жизни. Ниже вы найдете пять полезных шагов, которые совершенно точно помогут вам:

5 ПРОСТЫХ ШАГОВ, ЧТОБЫ РАЗБЛОКИРОВАТЬ ЭНЕРГИЮ ПОЛУЧЕНИЯ И ПРИНЯТИЯ

Шаг 1: Признайте существование иголок дикобраза

Как часто вы используете незримые иголки, когда кто-то подходит к вам? Я называю это иголками невидимого дикобраза. Я очень хорошо знаю, как это работает. Такое поведение было свойственно как мне, так и клиентам, с которыми я работала на протяжении последних двадцати лет.

Вы знаете, откуда именно берутся эти иглы? Насилие в вашей жизни формирует их. В прошлом вы столкнулись с ситуацией опасности, поэтому вы сформировали такие иглы, стараясь защитить себя. В прошлом ваши иглы прекрасно защищали вас, сейчас они просто устарели.

Но насколько такие иглы полезны для вас?

Уверена, что вы надеялись, что такие иглы защитят вас от человека, который обидел вас. Но уже сегодня они удерживают любовь, деньги, клиентов и все остальное на расстоянии от вас. Вы не можете принимать и получать, стараясь защитить себя от неминуемой катастрофы.

Быть может, настала пора подумать и использовать современные подходы?

Первый шаг на пути к обретению энергии получения и принятия — это понимание того, что вы окружили себя незримыми иглами и готовы защищаться 24 часа в сутки 7 дней в неделю, постоянно готовясь для нападения.

. . .

Шаг 2. Откажитесь от прошлого, которое блокирует энергию получения и принятия

В тот момент, когда вы подверглись насилию, вас заставили принять что-то против вашей воли. В тот момент вы поняли, что принять и получать опасно для вас и вашей жизни. Принять любовь? Принять деньги? Принять здоровье? Все это таит в себе неведомые опасности.

Например, в моем случае, получение и принятие были неразрывно связаны с осуждением. Я должна была делать то, что говорила моя мама, просто чтобы меня не побили. Получается, что я жила в реальности других людей, отчаянно пытаясь получить заботу и любовь, которые никогда не было в моей жизни. Все, что я получала, — это деньги, подарки и неискоренимое насилие.

А что значит энергия получения и принятия лично для вас?

Какие истории вы храните в своей душе?

Какие из них стали вашими незримыми иглами? Готовы ли вы оставить эти истории в прошлом и отказаться от них?

Какие предметы и каких людей вы отвергли, ошибочно считая, что вы принимаете их?

Шаг 3. Понимание травмирующей сути незримых игл

Вы уже знаете, что ваши незримые иглы защищают вас от всего в этой жизни, включая любовь, деньги, здоровье и другие прелести жизни. При этом они направлены и внутрь, не позволяя вам сделать и шага на пути к новой жизни.

В какой-то момент, возможно, очень давно, вы поняли, что делать шаг вперед очень опасно. В своей попытке избежать насилия или поделиться случившимся, вы отделили себя и отключились от реальности. Получается, что вы закрылись от самих себя, чтобы попытаться обезопасить себя.

Вы травмируете себя своими же незримыми иглами, стараясь игнорировать историю насилия, которая кажется вам опасной.

А знаете, что самое болезненное во всем этом? Вы проживаете жизнь, защитившись сами от себя и не можете в полной мере осознать *свою* красоту и мощь.

Вы не можете получить и *принять* свою суть.

Очень вероятно, что вы ничего не знаете о том, кем являетесь на самом деле, окружив свою истинную суть иглами, и не позволяя ей проявиться.

Я считаю это главной проблемой нашей реальности.

Мы изолируемся и отгораживаемся от самих себя.

Здесь я должна, что, как и на 1 и 2 шаге вашей трансформации, вы должны признать, что ваши иглы ранят и ваше тело. Вы должны раз и навсегда избавиться от выдуманных историй о том, как вам нужно жить. Просто примите, что ваше продвижение вперед возможно лишь в мире принятия и прощения. Только это поможет вам преодолеть данный шаг. Не забывайте о том, что никто кроме вас не сможет сделать этого для вас.

Простить и принять себя — это величайшее проявление доброты, которое вы можете использовать в своей жизни.

Шаг 4. Разрывая цепи навязанного принятия

Как мы обсудили во втором шаге, в тот момент, когда вы подверглись насилию, вас заставили принять что-то против вашей воли. Я называю это "навязанное принятие".

Вы понимаете, как то, что случилось с вами в прошлом, влияет на то, как вы относитесь к другим людям сегодня?

Получилось ли у вас отказаться от навязанного принятия, или же вы оказались в его порочном кругу? Навязанное принятие приводит лишь к тому, что вас отталкивают снова и снова. Именно из-за него вы не можете перейти на качественно иной уровень общения во всех аспектах вашей жизни.

Как понять, что вы оказались в порочном круге навязанного принятия?

Вам кажется, что вы знаете, как будет лучше другим: "Вот, съешь это! Сделай это! И возьми это!". Вы четко знаете, что полагается иметь другим людям, невзирая на то, что они действительно хотят.

Вам кажется, что вы намного выше других людей, которые ничего не знают о жизни. Тот факт, что вы можете манипулировать окружающими людьми, самом деле не означает, что они этого хотят. Заставляя других людей принимать ваше решение, вы считаете, что все лучше, умнее и осведомленнее, полностью обесценивая опыт и жизнь такого человека. Вы проявляете полное неуважение к их жизни и существованию.

Что вам нужно сделать? Для начала перестаньте навязывать свою волю другим и позвольте им быть теми, кем они хотят, принимая их и не высказывая свою точку зрения. Используя простое любопытство с другими людьми, вы можете построить здоровые отношения, созданные на базе энергии принятия и вседозволенности.

Что нужно сделать, чтобы избавиться от навязанного принятия и перейти в бескрайний мир новых возможностей?

Шаг 5. Раскройте прелести соблазнительного принятия

Все начинается с вашей осознанности. Как только вы поймете, как именно работает навязанное принятие, вы сможете сделать совершенно иной выбор.

Почему бы вам не опробовать на себе методику соблазнительного принятия?

Я понимаю, что сам термин соблазнение может казаться вам опасным, особенно с учетом пережитого насилия, которое могло строиться на желании соблазнить вас другого человека.

Хочу отметить, что, как и во втором этапе, вы должны избавиться от вашего прошлого, которое на дает вам использовать энергию принятия?

Может ли существовать безопасный способ соблазнительного принятия?

Быть может, именно методика соблазнительного принятия сможет привнести в вашу жизнь то, чего вам так сильно не хватает. Те, кто покусился на вас, пытались получить то, на что не имели никакого права. Получается, что, лишая вас прелестей соблазнительного принятия, такие люди берут вас в свои силки. Постигая основы соблазнительного принятия, вы сможете восстановить атмосферу созидания и воплощения, которая была скрыта в вас еще до самого факта насилия над вами. Просто возьмите и верните себе то, что принадлежит вам по праву.

Используя методику соблазнительного принятия, вы получаете приглашение взять то, что так сильное желаете. Вы получаете шанс улучшить свое здоровье, построить отношения, а также перейти на новый уровень прибыли и ведения бизнеса.

Итак, что же нужно сделать, чтобы ваша доброта и мягкость стали настолько сильными, что смогут уничтожить все безразличие, с которым вы сталкивались, обрастая все новыми и новыми защитными иглами?

Изучая методику соблазнительного принятия, вы сможете раскрыть свою истинную ценность как для себя, так и для целого мира.

Оказавшись в атмосфере соблазнительного принятия, вы можете сбросить иглы, избавившись от всех проблем и препятствий. Энергия получения и принятия течет свободно и легко, словно широкая река. Оказавшись в атмосфере принятия, вы ощутите на себе его мощную силу и невероятно приятный вкус.

Вам будет очень хорошо, ведь вы, наконец-то, можете быть собой.

Вы будете чувствовать ясность жизни, став воплощением вашей истинной энергии.

Вы будете чувствовать силу, потому что ваша самая большая сила — это ваша доброта.

Вы будете наслаждаться ее вкусом, понимая, что вы и все вокруг получаете мощный заряд молекулярной энергии, достигая состояния общего единства и единения.

Методика соблазнительного принятия — это самая мощная форма ясности жизни на нашей планете. Она есть в каждом из нас, поэтому, чем активнее вы ее используете, тем больше энергии созидания будет в вас. В следующей главе мы поговорим о том, что такое энергия расширения.

6

ЭНЕРГИЯ РАСШИРЕНИЯ

"Полностью проживая свою личную жизнь, мы выходим за рамки возможного".

- Анаис Нин

Я вспоминаю то время, когда мне было всего семь лет. Я смотрела в окно своей спальни и видела только луну, а внутри меня крутились слова одной и той же молитвы. К тому времени, мне довелось испытать на себе все виды физического, сексуального, эмоционального и психического насилия, от которых я страдала и после достижения возраста двадцати лет. В то самое время я решила сделать все, чтобы вырваться из того, что я называю незримой клеткой насилия. Я просто поняла, что в этом мире есть много других вещей.

Я поклялась, что однажды найду выход из клетки, покинув пределы надоевшей мне жизни. Я поклялась сделать все возможное, чтобы создать мир, в котором каждый ребенок может просто лечь на свою кровать, положить голову на подушку и крепко спать.

Мне потребовались годы, большая поддержка и большое мужество, чтобы освоить все грани искусства энергии расширения. Мне удалось добиться успеха, преодолев историю сексуального насилия. Кроме того, я помогла тысячам людям преодолеть историю их насилия, позволяя им наслаждаться качественно иной жизнью за гранью насилия.

Сегодня я путешествую по миру и провожу семинары для своих клиентов. У меня есть собственное шоу на станции "*Голос Америки*". В рамках шоу "За гранью насилия, терапии и всего сущего", я могу достучаться до сердец тысяч слушателей.

Сегодня я могу признаться, что смогла сдержать обещание, данное самой себе в возрасте 7 лет.

Именно тогда я решила никогда не сдаваться, никогда не пасовать перед трудностями и всегда стремиться к новым горизонтам, таящим целый мир неизвестного. Сегодня я делаю все ради искоренения насилия на нашей планете, чтобы как можно больше детей и взрослых жили полноценной жизнью, на которую каждый из них имеет полное право.

ДЬЯВОЛ КРОЕТСЯ НЕ ТОЛЬКО В НАСИЛИИ

Я хочу особо отметить, что вы можете оказаться в незримой клетке даже в том случае, если в вашей жизни не было насилия. Такая клетка лишает вас энергии расширения и исполнения ваших желаний.

Незримая клетка всеядна и готова сделать своим узником любого человека.

Оказавшись взаперти, я уверена, что вы хотите вырваться на свободу, чтобы создать целый мир новых возможностей.

Возможно, что вы, как и я, поклялись сделать это для себя, но пока просто не знаете, что именно нужно сделать.

Сегодня я предлагаю вам изучить способы разрушения незримой клетки, которые помогут вам осознать собственное величие, а также выйти за пределы клетки, наслаждаясь безграничной силой энергии расширения.

ПОСТИГАЯ ЭНЕРГИЮ РАСШИРЕНИЯ

Раз уж вы решились на этот шаг, вам стоит понять, что именно вы хотите создать и обрести. Вот, что представляет собой энергия расширения:

- Понимание собственного величия и вашей волшебной истинной сути
- Умение жить веселой жизнью, полной свободы, радости и радикальной ясности
- Понимание бесконечности новых возможностей
- Умение просить и принимать то, что вы хотите
- Понимание сути единения с собой и окружающими вас людьми
- Умение дарить миру то, что принадлежит только вам
- Умение сделать выбор в пользу полноценной жизни за пределами любых рамок и ограничений

Звучит, как что-то нереальное, не правда ли? А теперь, попробуйте представить, какую жизнь вы сможете создать, постигая энергию расширения.

Для того чтобы понять суть энергии расширения, давайте внимательно рассмотрим три основных ограничения незримой клетки, а также поговорим о том, как выйти за ее пределы, чтобы получить энергию расширения, которая таится глубоко внутри вас.

ИЗ РОЛИ ЖЕРТВЫ В МИР НОВЫХ ВОЗМОЖНОСТЕЙ

Я хочу признаться, что в детстве я была довольно замкнутым человеком. Ни одно из моих действий не могло избавить меня от постоянно насилия. Я росла и понимала, что я ничего не могу сделать, чтобы избежать насилия. Я стала добровольной жертвой.

Мне так понравилась эта роль, что я не отказалась от нее и на втором десятке. Я пила, устраивала вечеринки, употребляла наркотики и совершала другие безрассудные поступки, пытаясь избавиться от боли, которую причиняло мне мое прошлое. Я просто не считала нужным думать и заботиться о себе. В тот момент я еще не знала, насколько часто дети, подвергшиеся насилию, считают, что они плохие и неправильные.

Когда я смогла покинуть мир, в котором я была жертвой, я смогла увидеть незримую клетку насилия, обретая свою истинную сущность. Я с удивлением узнала, что я могу быть кем-то еще, а не просто несчастной девушкой, склонной к саморазрушению. Я узнала, что во мне скрывается доброта, веселье и феноменальность.

Я узнала, что могу выбирать совершенно иную жизнь, а также то, как я отношусь к себе и к тем, кто меня окружает. Принимая решение за решением, я начала обретать уверенность в себе. Я смогла разобраться со своими старыми стереотипами и поняла, что они просто разрушают меня. Именно тогда я решила начать строить свою жизнь на фундаменте того, что было правильным только для меня. Невзирая на пережитое насилие, я решила дать себе возможность создать что-то совершенно иное, но несущее в себе частичку меня.

А как обстоят ваши дела?

Захватила ли вашу жизнь такая же жертва из вашего прошлого? Вы не можете выйти из порочного круга самобичевания и саморазрушения, понимая, насколько это вредно и опасно для вас?

А вы знаете, что вы можете выбрать другую жизнь?

Жизнь созидания, а не разрушения?

Если в вашей жизни имело место насилие, или что-то совершенно неправильное и опасное, вы можете оказаться в роли жертвы, постоянно жалея себя, и не давая себе раскрыть ваш истинный потенциал. Вы можете чувствовать себя жертвой обстоятельств, как я в своем прошлом. Вам кажется, что вы ничего не можете сделать, чтобы изменить сложившуюся ситуацию. Каждый раз, когда я говорила, что ничего не могу сделать, чтобы изменить свою жизнь, я понимала, что вру сама себе. Приняв правильное решение, я смогла разделить свои чувства и свою истинную суть. Я поняла, что моя жизнь строится на моих решениях, а не на чувствах.

Сделав правильный выбор, вы можете начать движение от незримой клетки к миру энергии расширения. Вы готовы раз и навсегда отказаться от пассивности и сделать выбор? Если вы готовы, то я предлагаю вашему вниманию несколько шагов, которые помогут вам начать движение в правильном направлении.

ТРИ ШАГА НА ПУТИ ОТ РОЛИ ЖЕРТВЫ К МИРУ ИЗОБИЛИЯ

ЗАРУЧИТЕСЬ ПОДДЕРЖКОЙ ПРОФЕССИОНАЛА

Очень часто, тем, с кем вы делитесь своими проблемами, — это люди, которые и помогли вам создать эти проблемы. Я говорю о ваших родных и друзьях. Заручившись поддержкой профессионала, вы сможете ускорить ваше движение от роли жертвы в мир изобилия. Когда вы сможете поделиться своими планами с таким человеком и начать работу по поиску энергии расширения в вашей жизни, вы сможете сделать первый шаг и вырваться из мира пережитого насилия. Такой метод гарантированно поможет вам постигнуть радикальную ясность жизни. Все те, с кем мне удалось поработать, стали моими проводниками на пути к исцелению. Уже сегодня я могу быть собой как для себя, так и для всех окружающих. Ни при каких условиях не пытайтесь горевать из-за того, что предстоящий путь кажется вам слишком длинным. Просто делайте выбор в пользу того, что кажется вам слишком роскошным, чтобы быть вашим.

РАССКАЖИТЕ ВАШУ ИСТОРИЮ И ИЗБАВЬТЕСЬ ОТ НЕДОМОЛВОК

Ваши секреты и недомолвки удерживают вас в роли жертвы. Именно они порождают стыд и лишают вас сил, заставляя жить в мире стеснения и ограничений. Итак, вы берете каждый секрет и каждую недомолвку и должны найти не менее 25 причин, чтобы оставить их в своей жизни. Просто поймите, что такие недомолвки лежат на вас мертвым грузом и не дают вам раскрыть собственную прекрасную суть. Самое странное заключается в том, что все эти тайны и секреты не принадлежат вам. Обычно они представляют собой мнения и суждения других людей, которые они проецируют на вас, чтобы помешать вам быть самими собой. Осуждение стало настоящей проблемой современной реальности, особенно ярко проявляясь в сфере насилия.

ВЫ ДОЛЖНЫ ОТПУСТИТЬ ПРОШЛОЕ И РАЗ И НАВСЕГДА ОСТАВИТЬ РОЛЬ ЖЕРТВЫ.

Когда вы отпускаете свое прошлое и выходите за его пределы, вы постепенно постигаете свою истинную прекрасную суть. Вы открываете для себя энергию расширения, которая ждет вас за пределами незримой клетки. Для того, чтобы отпустить прошлое, вам придется сделать сложный выбор, принимая решение созидать только то, что вам действительно нравится. Жизнь в мире насилия подразумевает полное отсутствие выбора. У вас действительно не было выбора в момент насилия, но все оставшееся время - вы просто не использовали его. Я приняла решение, что хочу созидать здесь и сейчас, при этом моя новая история не будет иметь ничего общего с тем, что случилось много лет назад.

По мере того, как вы будете выходить за рамки вашей прошлой жизни, вы начнете ощущать энергию расширения: свободу, радость и собственное величие. Вы начнете видеть больше возможностей для себя и своей жизни и откроете новые источники силы, которые будут поджидать вас в самых неожиданных местах. Вы осознаете, что всегда оставались собой, невзирая на пережитое насилие. Просто поймите, что насилие не имеет право формировать вас, как личность, ведь вы — это вы, и ничто не сможет этого изменить.

ПЕРЕХОДЯ ОТ ОБОРОНЫ К УЯЗВИМОСТИ

Каждый раз, когда моя мама ругалась на меня и использовала обидные слова, я никогда не плакала и не показывала, что я расстроена. Я просто делала то, о чем меня просили, после чего пряталась в своей комнате. Когда она била меня, я просто закрывалась и замыкалась в себе, обхватывая себя руками. Я знала, что просто не могу плакать, чтобы она не начала бить меня еще сильнее. Я знала, что все закончится быстрее, если я просто надену свою невидимую броню и не буду плакать.

Я росла и понимала, что только невидимая броня защищает меня. Я обросла настоящей броней, чтобы защитить свой нежный внутренний мир. Те, кто пытался обидеть меня, видели только мою броню, не достигая моей истинной сути.

Как мы обсудили в прошлой главе, вы обрастаете незримыми иглами ежика или дикобраза. Вы окружаете себя незримой броней, словно дикобраз, который защищает себя острыми иглами. Все, что вы делаете, — это пытаетесь защитить себя от мира, который не кажется вам безопасным.

Но можете ли вы использовать энергию расширения, постоянно обороняясь от внешнего мира?

Уверена, что вы надеялись, что такие иглы защитят вас от человека, который обидел вас. Но уже сегодня они удерживают любовь, деньги, клиентов и все остальное на расстоянии от вас.

Ваши незримые иглы не дают вам обрести жизнь вашей мечты просто потому, что вы боитесь получать что-то новое.

Насколько сильно вы противитесь тому, чтобы начать новую жизнь, предпочитая глухую оборону? Ваши незримые иглы лишают вас продвижения не только в таких сферах как отношения, финансы и клиенты, но и обращены внутрь, мешая вам полноценно участвовать в собственной жизни.

Давным-давно вы поняли, что делать шаг в неизвестность - очень опасно. Быть может, вы решили отключиться от своей сути в попытке избежать или скрыть насилие. Получается, что вы просто дистанцировались от своего истинного "Я" в попытке защитить свое благополучие.

Именно поэтому, раз за разом вы продолжаете непреднамеренно ранить себя своими собственными защитными иглами, которые принимают форму самоосуждения и самобичевания. Вы считаете, что у вас нет права на собственное "Я". В попытке избежать любых потенциальных угроз, которые таит будущее, вы продолжаете унижать себя, делая все возможное, чтобы стать незаметными.

А вы знаете, что самое ужасное во всей этой ситуации?

Вы проживаете жизнь, защитившись сами от себя и не можете в полной мере осознать *свою* красоту и мощь. Вы не даете себе шанса почувствовать силу вашей уязвимости.

Уязвимость — это умение быть *собой* без толстой брони и обороны от всего, что вас окружает. Мне потребовалось долго работать с профессионалами и целителями, а также провести много времени с самой собой, чтобы понять, что мне ничего не угрожает, когда я снимаю свою незримую броню.

Постепенно мне удалось сбросить свои иглы, которые ранили всех вокруг, да и саму меня.

Когда это случилось, я с удивлением обнаружила новый элемент собственной уязвимости, который помог мне гораздо больше, чем незримая броня.

Оказавшись в мире собственной уязвимости, я смогла перейти на качественно новый уровень единения с собой, о котором никогда не могла даже и мечтать. Я смогла попросить у Вселенной и получить то, чего я действительно желала. Я смогла ощутить радикальную ясность жизни, принимая себя и свою жизнь в полном объеме.

Я поняла, что в уязвимости таится великая сила, которая радикально отличается от любимой мной ранее, глухой обороны. Получается, что мир уязвимости — это лучшая защита, которая может потребоваться вам в этой жизни.

Тем не менее, я должна предупредить вам об одной важной вещи.

Снимая броню, вам может показаться, что вы оказались без одежды в публичном месте, но в этом нет ничего страшного. Все в порядке. В этот момент ваше внутреннее пространство становится более открытым для жизни в единении с самими собой за пределами незримой брони.

Я хочу обратить ваше внимание на один опасный элемент незримой клетки, который может лишать вас энергии расширения до тех пор, пока вы не научитесь обходить его.

ВЫБИРАЯ ДОБРОТУ ВМЕСТО ОСУЖДЕНИЯ

Осуждение — это полная противоположность расширению. Осуждение — это одна из форм стеснений и ограничений, а также распространенная форма самобичевания.

Когда вы осуждаете другого человека, вы обороняетесь, отключаетесь, отрицаете и отделяетесь от тех черт и качеств, которые вы просто не хотите видеть в себе. Постоянное осуждение заставляет вас лгать самим себе, отправляя вас в незримую клетку насилия, которая скрывает вас от самых себя, от людей, от хорошей жизни и от воплощения ваших самых смелых планов в жизнь. Осуждая себе, вы продолжаете самобичевание, все больше замыкаясь в мире собственной никчемности и неправильности. Осуждение позволяет вам убедиться, что вы действительно ужасны, гарантируя, что вы никогда не сможете добиться большего, чем имеете сейчас. Осуждение укрепляет незримую клетку насилия.

Осуждение принижает нас, превращая в жертву, лишая сил и чувств. Именно поэтому вы перестаете созидать и жить за пределами незримой клетки. Вы ставите собственную неуверенность и слабость во главу угла и продолжаете цикл насилия.

Как в таком поведении может появиться доброта по отношению к себе? А по отношению к кому-нибудь?

Единственный способ выйти за пределы клетки и открыть для себя энергию расширения заключается в том, чтобы покинуть мир осуждения. Для этого вам нужно сделать 6 шагов, о которых мы поговорим далее.

6 ШАГОВ НА ПУТИ ИЗ МИРА ОСУЖДЕНИЯ

1. Уютно расположитесь в тихом и спокойном месте, закройте глаза и сделайте несколько глубоких вдохов;

2. Направьте вашу энергию в сторону земли;

3. Передайте все осуждения из вашей жизни в землю, чтобы удобрить ее;

4. Откройте свое сознание, чтобы получить дар, который приготовила вам земля;

5. Получите мощный заряд энергии, в котором нет места осуждению;

6. Обратите внимание на новые знания, которые вы получили.

Земля — это единственное место, в котором нет места осуждению. Это удивительное место, в которое вы можете возвращаться снова и снова, чтобы освободиться от тяжкой ноши осуждения и ощутить покой и бескрайние горизонты, которые ждут именно вас. Передавая тяжкую ношу осуждения земле, вы совершаете акт доброты. Удобряя землю "навозом" из осуждения, вы в буквальном смысле создаете новую возможность для себя и всех остальных.

В этом мире нет осуждения, но царит доброта. Доброта таит в себе правду о вашей истинной сути, которая была скрыта в вас все эти года.

Доброта — это созидательная энергия. Путешествуя по миру и работая с тысячами людей, я обнаружила, что именно доброта позволяет выйти из мира осуждения, насилия и ограничений. Доброта — это созидательная энергия, которая позволяет сформировать новую жизнь, наполненную энергией расширения.

А теперь, уделите минуту вашего времени для следующего упражнения.

- *Представьте, что произойдет через 50 лет на нашей планете, если бы все выбрали доброту?*
- *Представьте, что произойдет если бы вы предали вашу историю жертвы гласности и выбрали путь энергии расширения и новых возможностей?*

- *Представьте, что произойдет, если вы снимете броню и выберете силу уязвимости?*
- *Исчезнут ли ваши болезни?*
- *Пропадет ли ваша внутренняя борьба?*
- *Станете ли вы счастливее?*
- *Может ли энергия расширения открыть для вас целый мир новых возможностей?*

За пределами мира насилия есть жизнь. Она ждет вас за пределами незримой клетки, которая делает вас маленькими и бессильными.

Не нужно быть ребенком, чтобы понять это. Мне было всего семь лет, когда я смотрела на луну, мечтая о жизни без насилия. Но вы можете раскрыть потенциал энергии расширения в любом возрасте. Данный метод работает везде и всегда.

Все, что от вас требуется, — это сделать правильный выбор и начать непростую игру, о которой мы поговорим в нашей следующей главе.

7

___

ИГРАЯ СО СВЕТОМ

"Каждый новый день вы играете со светом Вселенной".

- Пабло Неруда

Жизнь может быть намного проще и намного веселее, чем нам кажется.

Вам просто нужно взять ее в свои руки.

Я хочу начать с того, что все устроено настолько просто, что, по большей части, все мои 25 лет работы в области энергетической терапии сводятся к решению одной проблемы. Мне нужно понять, что именно не получается у человека, дать ему возможность сделать правильный выбор, способствовать реализации его желаний и многочисленных возможностей ради обретения жизни его или ее мечты.

Когда у них все получается, результаты просто поражают воображение.

И дело не только в том, что они становятся счастливее, хотя это и очевидно. Главная прелесть в том, что, в чем бы ни заключалась их проблема, она исчезает, а на саму проблему указывают лекарства, которые они принимают, болезни, которыми они болеют, а также нехватка средств или других ресурсов. Мгновение ока... И как по волшебству, все меняется. Поэтому, все, что требуется для достижения таких результатов, — это готовность сделать выбор самостоятельно и научиться использовать энергию получения и принятия в своей жизни. Так почему же почти никто из людей не делает этого?

Очень хороший вопрос....

Работая с клиентами из самых разных стран, я обнаружила, что большинству людей с историей насилия трудно просто играть, получать удовольствие и поддаваться веселью. Дело не в том, что у них нет таких навыков и способностей. Все дело в том, что игра в их сознании стала ассоциироваться с чем-то плохим и неприятным.

Кто-то мог пережить сексуальную игру, которая принесла такому человеку массу неприятных чувств, тем не менее, показавшись привлекательной. В такой ситуации вы просто не можете понять, где правда, а где ложь. Получается, что человек начинает стыдиться себя и говорит: "Мне нельзя этого делать". Позднее аналогичное поведение распространяется и на сферу отдыха и веселья, когда люди начинают сравнивать приятные чувства с пережитой ими историей насилия.

Обычно, когда вы играете, вы делаете это ради удовольствия и отдыха, используя новые грани вашего воображения, возможностей, а также энергию созидания и творчества.

После пережитого насилия вы меняете свое отношение к играм. Такие игры становятся серьезным и практичным занятием. Вы думаете только о том, что "вот-вот случится", забывая про свободу и осознанность, и убивая вашего внутреннего ребенка. Пока вы храните этого ребенка в себе, вы не думаете о том, что "вот-вот случится". В нашем мире мало что доставляет больше удовольствия, чем элемент неизвестности, предвкушения и неожиданности. Каждый из нас был тем ребенком, которому приготовили подарок или сюрприз, а вы, хлопая от нетерпения в ладоши, говорили: "Вы что, приготовили мне сюрприз?". В то же самое время люди, пережившие насилие, не хотят иметь дело с сюрпризами и неожиданностями. Повышенная бдительность становится основной моделью поведения. Они постоянно оглядываются и выглядывают из-за угла, чтобы избежать мнимой опасности.

ПОВЕЛЕВАЯ ПРАВИЛАМИ ИГРЫ

Пережив историю насилия, вы заставляете свое тело действовать определенным образом, ограничивая ваши мысли и действия, чтобы не столкнуться с насилием вновь. Вы погружаетесь в мир умозаключений, решений, осуждения и ограничений. Вы лишаете себя подвижности, выбирая закостенелость, грубость и окаменелость. Вы оказываетесь в месте, которое я называю незримой клеткой насилия. Более подробно о ней вы сможете прочитать в моей книге *"Обретая навыки созидания после пережитого насилия"*.

Оказавшись в рукотворной клетке, вам становится не до веселья, ведь вы должны постоянно готовиться к новой катастрофе. Ваша жизнь превращается в постоянный спуск по бурной горной реке. Оказавшись в таком состоянии, вы постоянно задаетесь вопросом: "Почему все это продолжает происходить со мной? Мне так сложно со всем этим справляться. У меня никогда ничего не получается, что бы я не делала. Почему все так сложно?"

Ответ кроется в "Четырех О", из которых состоит ваша клетка: Отделение, Отрицание, Оборона и Отключение, о которых мы впервые поговорили в третьей главе.

При таком непростом подходе к жизни даже такие простые занятия, такие как походы, могут оказаться под запретом, потому что вам очень тяжело постоянно находиться в мире, который стал опасным местом. Постоянно находясь начеку, осознавая, что в любой момент ваша безопасность или комфорт могут быть нарушены, вы постепенно поражаете и другие аспекты вашего бытия. Такое поведение отражается на вашем теле, отношениях, деньгах и сексуальности, сокращая размер вашего бытия и лишая вас целого мира новых возможностей.

Вы должны понимать, что такое положение дел может иметь серьезные последствия для вашего здоровья. Лишившись доступа к широкой реке принятия и свободы выбора, вы ограничиваете себя, лишая ваши органы кислорода и других питательных элементов, которые требуются для его нормальной работы. Постоянное нахождение в таком состоянии может вызвать хронические болезни, а также привести к нарушениям функции надпочечников или эндокринной системы. Так случилось и со мной.

Говоря об отношениях, я уверена в том, что вы склонны выбирать людей, которые в большей степени склонны к замкнутости и закрытости. Почему? Именно такими, как вы знаете или думаете, должны быть отношения. Вы выбираете людей, сознательно или бессознательно, которые ограничивают вас, а не тех, кто создает возможности для вас и идет вперед вместе с вами. Вы постоянно хотите защитить себя, ограничивая собственные финансовые потоки и способность зарабатывать деньги. В качестве примера я могу привести работу, которая вам не нравится, но которая дает вам зарплату, на которую вы можете жить, одновременно ненавидя свою жизнь. А где же притаились счастье и веселье?

Получается, что вы развиваетесь в обратную сторону, отказываясь от энергии и двигаетесь назад. Вы постоянно думаете о том "Безопасно ли это?", а не о том, "Как прекрасно! Что еще я могу создать?"

Игра и творческий потенциал подпитываются воображением, открытым умом, непринужденным пространством и возможностью созидания на базе безграничной энергии. Такое положение дел полностью противоположно тому, что вы испытываете, оказавшись в незримой клетке насилия?

- Высокая потребность в наличии структуры
- Постоянный контроль
- Готовность ко всему
- Необходимость знать все и всегда
- Замкнутость и изоляция
- Желание делать выводы
- Желание соответствовать
- Недоверие к неизвестному
- Чувство небезопасности
- Повышенная бдительность

Ваш творческий потенциал похож на бурную реку, которая охватывает вас на молекулярном уровне, открывая целый мир новых возможностей, в котором для вас приготовлено все для получения и созидания.

Игра всегда таит в себе много неизвестного, но, разве может быть что-то приятнее? Вы можете создать буквально все, что пожелаете. Люди, которые подверглись любой форме насилия, могут чувствовать страх и энергию разрушения при упоминании такой неизвестности.

РАДИКАЛЬНО-ОРГАЗМИЧЕСКАЯ ЯСНОСТЬ ЖИЗНИ

Вы когда-нибудь замечали, как долго дети проводят время с одной и той же вещью? Они постоянно переходят от одной вещи к другой. Они используют свой разум и тело, чтобы постигнуть то, что оказалось перед ними в данный момент. Они выбирают, используя веселье и новизну в качестве основных факторов выбора.

Я называю такое состояние радикально-оргазмической ясностью жизни, когда все ваше естество вовлечено в тот процесс, которым вы заняты в данный момент. В такой момент вы не думает о будущем, об оплате счетов или о том, как вы выглядите. Вы просто наслаждаетесь игрой и возможностью полного погружения в нее.

Во время насилия над вами вы не хотите погружаться в случившееся ни на йоту.

Важно понимать, что оргазм охватывает не только сексуальную жизнь, но и наши чувства, воплощая в себе удовольствие. Представьте, что вы хотите понюхать розу или купить букет роз, чтобы украсить ваш дом. Представьте, что вы хотите добавить клубнику в свою кашу, чтобы почувствовать ее оргазмически-пьянящий вкус. Такое поведение дарит вам веселье и радикально-оргазмическую ясность жизни! У ребенка не может быть предвзятости. У детей еще не развились те представления, которые мы усвоили, став взрослыми, которые сковывают нас и мешают получать удовольствие в полной мере.

Если вы решаете отстраниться от вашего тела, как это повлияет на ваши сексуальные отношения и ваши чувства? Вы не сможете построить нормальные сексуальные отношения, когда вы так привыкли отказываться от своего тела, чтобы не чувствовать того, чего вы изначально не хотели.

Итак, что можно сделать, чтобы полностью вернуться в свое тело и включиться в игру?

ДВА ШАГА НА ПУТИ К ИГРЕ

По мере того, как вы росли, вы когда-нибудь спрашивали себя: "А мне вообще весело в данный момент?" Для большинства взрослых выбор чего-то ради получения удовольствия — это чуждая концепция, которую сложно назвать правильным выбором. Если вы никогда не были в своем теле, вы, скорее всего, никогда не давали себе права сделать тот или иной выбор. С чего вообще можно начать движение в сторону вашего истинного "Я"? Первый шаг к началу игры заключается в том, чтобы просто осознать, что у вас есть проблема. Вы должны сказать себе: "Я действительно не знаю, что происходит, но что-то кажется неправильным. Я хочу поменять все это, но пока не понимаю, чего мне просить от жизни". Только такое поведение поможет вам.

Вы сможете найти путь к самим себе.

Следующий шаг заключается в том, чтобы задать вопросы, которые пробуждают энергию игры:

- *Доставляет ли это удовольствие моему телу?*
- *Весело ли мне сейчас?*
- *Узнаю ли я что-то новое?*
- *Расширяет ли это мою реальность?*
- *Благодарен ли я за это?*
- *Нравится ли мне то, кем я являюсь прямо сейчас?*
- *Принимает ли меня такой человек?*
- *Могу ли я получать?*
- *Как хорошо чувствует себя мое тело?*
- *Что еще возможно в этой реальности?*
- *Могу ли я делать все, что захочу?*
- *Оказался ли я в своей веселой и игровой реальности?*
- *Что еще я могу выбрать, чтобы насладиться игрой?*

Важно понять, что энергия игры заключается не в том, чтобы делать то, что казалось вам веселым в детстве. Вы не должны пытаться вернуть былое веселье в вашу жизнь. Речь идет о том, что вы можете сделать, чтобы каждый день создавать новые возможности и избавить себя от мира ограничений.

Например, я могу весь день сидеть перед своим компьютером, рассылая сообщения и отвечая людям, но на самом деле мне это не доставляет удовольствия. Мне больше нравится заниматься целительством, вести программу на станции "Голос Америки", писать интересные книги, общаться с людьми и создавать новые возможности. Но в моей собственной жизни был очень долгий период, когда я боялась играть, выбирая неподвижную структуру собственной жизни. Любые попытки изменить это приводили меня в бешенство. Сегодня у меня почти нет такой структуры. Я просто иду вперед, наслаждаясь силой бытия и давая то, что требуется от меня каждый день.

По сути, в детстве мы поступаем именно так. Мы просто действуем в рамках того, что возможно в текущий день. Сталкиваясь с насилием, ваша свобода и игровая площадка новых возможностей исчезают из вашей жизни, отправляя вас в незримую клетку ограничений и насилия. К счастью, у вас есть выход.

ЛЕГКОСТЬ БЫТИЯ

Вы знаете, что именно доставляет людям удовольствие? Делать то, что им нравится. Делать то, что доставляет им чувство легкости. Легкость бытия подобна постижению истины. Легкость бытия — это самое безграничное и радостное занятие в вашей жизни, которое дарит вам чувство легкости. Вы становитесь веселее и приятнее для всех, кто окружает вас.

Постижение энергии игры заключается в постижении того, что приносит вам радость в финансовом, эмоциональном, сексуальном и других аспектах. Просто спросите себя: "Дорогое тело, каким ты хочешь быть сегодня? С кем ты хочешь быть сегодня? С кем ты хочешь спать сегодня? Что ты хочешь съесть сегодня? Что ты хочешь создать сегодня?? На какой аспект вашего бизнеса вам стоит обратить внимание сегодня?"

Если ваше тело говорит вам: "Давай отправимся в спортзал", а вы не идете, то ваше тело страдает. Посещение тренажерного зала может быть формой игры, поднимающей дух и энергию. Если ваше тело говорит: "Съешь это", а вы едите что-то другое, то вы отвергаете его. Основная идея заключается в том, чтобы прислушиваться к вашему телу, к шепоту, который ваше тело использует, чтобы сообщить вам о том, что ему требуется каждый день, а также о том, в чем вы нуждаетесь каждый день. Вы должны принять это и идти вперед, слушая ваше тело.

Вы можете использовать такую энергию игры в процессе принятия всех решений, которые касаются вашего бытия. Но как? Что кажется вам самым веселым и интересным? Сделайте именно это!

БЕСКРАЙНЕЕ ВЕСЕЛЬЕ ВАШЕЙ ИГРЫ!

Веселье — это процесс, в ходе которого вы забываете обо всем, теряя чувство времени. Вам весело, потому что вы действительно увлечены тем, что делаете. Вы используете энергию так же, как это делают дети, которым постоянно нужно напоминать: "Тебе нужно поесть" или "Тебе пора ложиться спать". Они наслаждаются миром свободы, от которой вы хотите их избавить.

В большинстве случаев взрослым приходится заново учиться различать собственные чувство, особенно когда им предоставляется возможность выбора. Люди, пережившие насилие, лишаются чести энергии, их пространство нарушается, а их сознание лишается чувств. Как можно понять, что правильно, а что - нет, находясь в таком состоянии. Вы знаете только то, что доставляет вам страдания и боль. Вы должны понять, что насилие меняет ваш взгляд на жизнь, делая ее более опасной и не такой веселой.

Научившись выбирать правильные и приятные вещи, вы сможете создать мир радости и веселья. По сути, вы должны перестроить ваши молекулы в исходное состояние, в котором они находились вплоть до момента насилия. Если вы чувствуете легкость и энергию расширения, делайте смелый шаг вперед! Если вы чувствуете тяжесть и замкнутость, задавайте больше вопросов и не делайте выбор, пока не появится легкость. Многие из нас делают выбор в пользу тяжести и скованности, а не света и легкости. Такое поведение в конечном итоге приводит нас в психиатрическую клинику, где нас пичкают лекарствами.

Запомните одну важную вещь

ВЫБИРАЙТЕ ТОЛЬКО ТО,: ЧТО ПРИНОСИТ ВАМ ЧУВСТВО ЛЕГКОСТИ.

Легкость бытия скрывается в том, чтобы быть как ребенок, который принимает простое решение: "Давай займемся этим, а потом - этим!". Я понимаю, что взрослые придерживаются прагматичных подходов, но, если вы сможете использовать энергию игры, о которой я говорю, вы сможете использовать ваш творческий потенциал и воображение. Вам нужна детская невинность, которая есть в каждом из нас, которая живет в наших телах независимо от того, сколько нам лет.

Получается, что вам нужно полностью погрузиться в текущий момент, делая то, что подходит именно вам, наслаждаясь легкостью и энергией расширения.

ОДИН МАЛЕНЬКИЙ ШАЖОК

Самая эффективная и простая стратегия внедрения изменений в вашу жизнь заключается в том, чтобы делать один маленький шажок за один раз. Всего один маленький шаг может позволить вам начать процесс перестроения целого мира, который не будет заканчиваться никогда.

Многие люди стараются изменить все и сразу, делая гигантские шаги. Они хотят мгновенного успеха, стремясь к мгновенному удовлетворению своих интересов. Тем не менее, я отметила, что, используя метод маленьких шагов каждый день, вы начинаете налаживать связь разума, тела и духа в вашей клеточной памяти. Именно такая связь позволяет вам понять простую вещь: "Ой, я могу сделать один маленький шаг, который изменит ход моего дня, меняя мою жизнь". Представьте себе, что капитан большого судна поворачивает штурвал всего на один градус, направляя его в совершенно иную сторону бескрайнего океана.

А сейчас, я хочу привести яркий пример, чтобы вы поняли, о чем я говорю. Много лет назад я работала с человеком, который пережил насилие и глубокую травму. Не вдаваясь в подробности, я могу поделиться тем, что человек, которому я помогала, оказался в тупике, из которого не видел выхода. Для того, чтобы сделать маленький шаг, им требовалось выйти из состояния паралича в крайне травмирующей ситуации несмотря на то, что вся травма скрывалась в одном из воспоминаний, не имея места в реальности. Тело моего клиента стало главной жертвой ситуации. Мой клиент постоянно дрожал, страдая от приступов тошноты и рвоты.

Я думала о том, какое самое простое решение я могу предложить своему клиенту. Мой клиент уже закрыл глаза, а я начала направлять его по пути самостоятельного исцеления. Вдруг я спросила: "Если я протяну вам руку, вы примете ее?". Мой клиент ответил: "Нет".

Тогда я спросила: "Если я направлю свой палец в вашу сторону, прикоснетесь ли вы к нему в ответ?". Я услышала ответ: "Да". Мой клиент вытянул свой палец вперед, а я осторожно подошла и дотронулась до него.

Я совершенно не знала о том, что это был первый раз, когда мой клиент позволил другому человеку прикоснуться к нему после пережитого насилия, когда к нему прикасались руки других людей против его воли. Всего одно простое действие подарило моему клиенту достаточно спокойствия и уравновешенности, чтобы сделать один небольшой шаг. Я не могла поверить в том, что мой клиент позволил другому человеку прикоснуться к нему после всех ужасов, которые ему пришлось пережить. Важно отметить, что только это прикосновение изменило траекторию его бытия, а свидетелем этого прекрасного превращения стала группа слушателей.

Получается, что совсем небольшой шажок может иметь огромное значение и для вас несмотря на то, что выглядит как незначительная корректировка вашего бытия. Именно этот подход лег в основу моей методики ROAR (Радикальная оргазмически-живая реальность).

Итак, что меняет один маленький шажок в повседневной жизни? По сути, вы просто немного меняете привычные вами вещи, определяя новую траекторию движения в направлении лучшей версии себя. По сути, это просто ваш выбор, за которым следует действие, и благодарность за это.

Методика маленьких шагов дает вам свободу менять свое мнение и настраиваться на то, что наиболее верно для вас в данный момент. По сути, перед вами игра. Основная прелесть данной методики скрывается в двух аспектах: 1. Вы получаете больше свободы; 2. Вы открываете для себя новый уровень близости с самими собой. Если выбранный вами вариант оказался неподходящим, вы просто выбираете снова. Каждый новый выбор дает вам представление о том, что работает для вас. Но обратите внимание, что не все, что сработало сегодня, может оказаться полезным для вас уже через неделю.

Если вы не используете методику маленьких шагов в своей жизни, то вы, скорее всего, мечетесь между миром свободы и заточения. Тем не менее, вам нужен всего один небольшой шажок, чтобы запустить процесс перемен. Вы тренируете себя, словно мышцу в вашем организме.

Когда вы счастливы, все получается. Когда вы полны энергии игры, вы открываете новые возможности и питаетесь энергией расширения. По сути, вы живете, наслаждаясь каждым мгновением на этой планете как новой возможностью созидания совершенно новой реальности. Той реальности, которая порождает радость, удовольствие, возможности, а также энергию игры и счастья. Такая реальность кардинально отличайте от той, в которой живут люди, пережившие насилие: "Здесь все так сложно, и ничего не изменится, как бы я ни старался".

ИГРА ВЕСЬМА ПРАГМАТИЧНА

"Найдите то, что интересно именно вам. Чем больше вы учитесь, тем больше вам хочется учиться. По сути, это очень интересно и весело".

- Уоррен Баффет

Энергия игры строится не только на развлечениях, но и на прагматизме. Давайте послушаем Уоррена Баффета, который в книге Кэрол Лумис "Чечетка на работе" рассказал о том, что его мотивация кроется в получении удовольствия, а не в процессе зарабатывания денег. Хочу признаться, что у меня было много клиентов, которые уходили с работы ради того, что им действительно нравилось. Как только они это делали, они начинали зарабатывать в три-четыре раза больше, чем раньше.

Когда вы слушаете свое тело, которое говорит вам, чего оно хочет, и вы это делаете, все, что появляется в вашей жизни, становится проще и веселее. Прислушиваясь к тому, что подходит именно вам, и делая выбор в пользу таких вещей, вы получаете поддержку Вселенной, которая делает вашу жизнь проще, давая вам возможность жить в мире бескрайнего удовольствия и веселья.

Точно так же, вы должны избавляться от вещей, которые не подходят именно вам. Я не говорю о том, что вам нужно перестать платить по счетам и найти другой способ получения удовольствия.

Например, я использую программу автоматической оплаты счетов в моем банке, потому что я не хочу тратить время на выяснение подробностей каждый месяц. Понимая, что моя проблема решается автоматически каждый день и каждый месяц, я получаю удовольствие, одновременно оплачивая все счета. Я не люблю тратить время, думая о том, что я могу опоздать. У меня нет времени на такие вещи. Я выбираю создание новых возможностей. Если я понимаю, что мне нужно выйти за рамки того, что у меня есть, я могу сделать осознанный выбор и заработать еще больше для реализации своих планов.

НАВОДЯ МОСТЫ В МИР РАДИКАЛЬНОЙ ОРГАЗМИЧЕСКИ-ЖИВОЙ РЕАЛЬНОСТИ

Основная идея моей методики "Live Your ROAR®" (радикальной оргазмически-живой реальности) заключается в том, чтобы уничтожить все формы насилия в этом мире, используя две связанных методики: поиск незримой клетки насилия и наведение мостов в мир радикальной оргазмически-живой реальности.

Не забывайте и о том, что мир радикальной оргазмически-живой реальности строится на базе четырех элементов: выбор себя, приверженность себе, единение со вселенной и созидание жизни вашей мечты. Мир радикальной оргазмически-живой реальности полон веселья!

Наводя мосты и переходя по ним, вы открываете для себя истинный дух игры, выбирая только то, что доставляет вам радость и удовольствие. Суть энергии игры заключается в том, чтобы поставить себя на первое место.

Обратите внимание, что если вы не привыкли ставить себя на первое место, то идея о возможности выбора казаться вам радикальной и новой. Я понимаю, что люди, пережившие насилие, будут сбиты с толку такой методикой, ведь они никогда не ставили себя на первое место.

Играйте, чтобы вернуть свободу самовыражения!

Помимо достижения поставленных целей и выполнения планов, используя энергию игры, вы сможете жить здесь и сейчас, обретая единство со своей жизнью и переходя на качественно новый уровень легкости, радости и свободы.

В следующей главе мы поговорим об энергии духа и знаний, которая является неотъемлемой, бессознательной частью каждого ребенка. Вне зависимости от присутствия насилия в жизни ребенка, подавляющее большинство детей отказывается от данной энергии на этапе взросления.

Вы увидите, что, чем больше людей, обладающих такой энергией, будет окружать вас, тем проще вам будет погрузиться в мир бесконечной игры.

8

———

ИСТИННЫЙ ЛИК ЛУНЫ

"Я бесповоротно влюбился в луну. Почему?
Только она верно и преданно приходила ко мне каждую ночь".

- Неизвестный автор

Я была ребенком, который рос в ужасно жестокой семье, поэтому моя комната стала моей крепостью. Моя комната — это единственное место, где я могла спрятаться от того сумасшествия, которое царило в моем доме. Около моей кровати было маленькое окно, и каждую ночь, когда выходила луна, я вставала на колени и часами смотрела на нее, наслаждаясь прекрасным ликом луны, смотрящим на меня в ответ, чувствуя ее энергию, которая помогала мне понять, что со мной все будет хорошо.

Одной ночью, завершив свою долгую беседу с луной, я обернулась и увидела, что вся моя комната окрасилась во все цвета радуги, а феи и ангелы, которые стали моими божествами и феями, танцуют вокруг. Розовый цвет — это цвет сострадания, а синий - цвет творчества. Каждый из этих цветов должен был стать частью моей жизни.

Я начала проводить время в этом удивительном мире волшебной энергии.

Я получила ценные знания о том, чего стоит остерегаться, о том, какими умениями я обладаю, а также о том, какой на самом деле может быть моя жизнь. Потусторонние существа стали моими друзьями и товарищами по играм, поэтому я не могла дождаться наступления вечера, чтобы поскорее погрузиться в мир радости и веселья. Я понимала, что мир не ограничен моим домом, поэтому я не боялась волшебства. Мне казалось, что в этом мире больше смысла, чем в реальном несмотря на то, что он бросал вызов сложившимся устоям.

Я поняла, что могу открыть целый мир новых возможностей, и ничто не может остановить меня в этом состоянии. Именно тогда я поняла, что смысл моей жизни состоит в том, чтобы объединить духовный мир с физическим, постигая суть энергии созидания, которую также называют АТФ. Аденозинтрифосфат (АТФ) или энергия созидания, как я ее называю, обеспечивает нас энергией всего сущего, и она находится в каждой клетке нашего тела, охватывая каждую клетку нашей планеты и Вселенной, в которой мы живем.

ЭНЕРГИЯ ДУХА И ЗНАНИЙ

Итак, о какой энергии идет речь? Зачем нам обретать единство с такой силой? Какой дух пронизывает все сущее, созидая все, что есть в нашем мире?

Уже сегодня, когда я говорю о духах, я больше не думаю о феях, ангелах или других сущностях. Вместо этого я думаю о том, что сказала бы Амма. Амма - мой духовный целитель, с которой я провела 15 лет. Она бы назвала это детской энергией, которую внутри нас упрятал сам Господь.

Например, для меня энергия духа подобна молекуле аденозинтрифосфата, который питает каждую клетку нашего тела. Получается, что энергия духа скрывается в наших телах, определяя нашу сущность и наше бытие.

В моей жизни был такой период, когда я была максимально несчастна, заливая свою боль алкоголем и понимая, что ничего не получается. В тот момент я чувствовала себя ужасно и очень одиноко. Мне казалось, что вокруг меня происходит так много всего, а я не принимаю в этом никакого участия.

Однажды вечером я напилась и решила раз и навсегда положить этому конец. Я еще не приняла решение, но, когда я увидела приближающийся автобус, я сошла с тротуара, чтобы встать прямо перед ним, и почувствовала, как кто-то схватил меня за плечи и потянул назад. Я была в шоке. Я огляделась и поняла, что там никого не было. В этот момент я поняла, что кто-то всегда заботится обо мне. Это был холодный душ, который был так нужен мне, чтобы напомнить, что далеко за пределами моей реальности есть много всего. Я должна попасть туда, ведь все это - часть меня. После этого я много раз чувствовала, что меня поддерживают и направляют туда, где я оказалась в итоге.

После того как я стала психотерапевтом и открыла свое дело, судьба уготовила мне подарок в виде смертельно опасного заболевания. Ради исцеления я начала использовать методику Theta Healing® (тета-хилинг). Она полностью изменила мой подход к практическим методикам исцеления. Тета-хилинг — это всесторонняя методика исцеления, которая сочетает в себе духовное, физическое и эмоциональное воскрешение и перерождение. Сама методика основана на мысли о том, что вы можете получить доступ к состоянию полного расслабления и осознанности, чтобы насытиться творческой энергией Вселенной и ускорить процесс исцеления. Данная методика была разработана Вианной Стайбл, которая является профессиональным натуропатом и целителем.

Используя данную технику, вы можете поработать над активацией вашего духа знаний. Каждый день я проводила в своем офисном кресле с клиентами. Как говорит исполнительный директор Facebook, и автор бестселлера "Поклонитесь", Шерил Сандберг, я делала поклон, чтобы прислушаться к энергии духа и знаний.

Я научилась получать информацию, которую просто не могла узнать, а мои клиенты часто смотрели на меня в полном шоке и удивлении. Они часто спрашивали меня: "Откуда вы это знаете? Как вообще можно это знать? Откуда у вас эта информация? Я никогда вам не говорил об этом". Поэтому я стала использовать свой дух знаний аккуратнее, чтобы не перегружать своих клиентов тем, о чем сообщал мне дух знаний.

В то время я использовала мышечное тестирование, а также доступ к осознанности (Access Consciousness®) и метод тяжелого и легкого, чтобы помочь моим клиентам понять свое тело и обрести ту силу и знания, которые скрываются в них. Я поняла, что я стала проводником, ведь все проходит через меня и предназначено для передачи клиентов без осуждения или навязывания моей точки зрения. Я была проводником для людей, которые приходили в мой офис, желая открыть для себя новый мир безграничной энергии.

Даже до того момента, как я начала использовать тета-хилинг, я четко знала, что во мне скрывается нечто большее и уникальное, что позволяет мне устанавливать качественно иную связь с людьми. Я понимала это, а мои клиенты знали, что я готова помочь им. Они всегда говорили мне: "Вы не похожи на тех, с кем нам доводилось работать раньше. Вы все делаете по-другому. Я никогда раньше не чувствовал ничего подобного".

Я верю, что обладаю этой способностью благодаря принятию энергии лика луны, принятию энергии, которая движется во всех вещах, включая нашу системы верований, и моему осознанию того, что органы нашего тела хранят такие убеждения, которые формируют наше тело и реальность, в которой мы живем. Я уверена в том, что нашу реальность можно изменить, трансформировать и исцелить, активно используя то, что находится за пределами этой реальности.

Обрести новый уровень осознанности — это научиться сотрудничать с землей и с каждой молекулой всего сущего, которые ничем не отличаются от молекул нашего тела, которые содержат АТФ, то есть источник энергии нашего организма.

Научившись использовать силу духа энергии и знаний, а также информацию, которую я получала, я всегда чувствовала, что моя главная задача заключается в том, чтобы объединить духовный и физический миры. Именно поэтому нет ничего удивительного в том, что мой знак - стрелец, представленный лучником и изображенный одновременно как человек-лучник, стреляющий в небо, и лошадь, стоящая на земле. Я стала тем самым мостом для людей между нашей нынешней реальностью и тем, что скрывается за горизонтом известности.

Работая с каждым клиентом, я делаю все, чтобы найти изолированные части сущности, которые не дают нам постигнуть силу энергии духа. Очень часто нам приходится возвращаться в самое детство, чтобы найти тот ключевой момент, который и стал причиной всех случившихся проблем. В ходе своей работы я помогаю своим клиентам заглянуть прямо в глаза их внутреннему ребенку, чтобы получить информацию о том, что не дает им двигаться вперед и изолирует их от самих себя. Мы стремимся исследовать такие эмоции, как страх, ярость и стыд, чтобы признать их существование и выявить корень зла.

Такие занятия я провожу исключительно в очном формате.

Как только они озвучат самые важные слова, я прошу их обратиться к своему внутреннему ребенку от лица взрослого, протянув ему или ей руку помощи. Иногда все получается в первого раза, а иногда - требуется несколько занятий, чтобы добиться его или ее расположения. Часто ребенок спрашивает: "Могу ли я вам доверять?" Главная цель — это обеспечить встречу внутреннего ребенка и взрослого человека. Это похоже на встречу с нашей собственной внутренней энергией духа или нашим скрытым союзником. Только так можно добиться полного духовного единения.

Когда они находят общий язык, они спускаются по радужной лестнице, возвращаясь в офис или лекционный зал, в котором мы работаем. После этого мы делаем все, чтобы вписать внутреннего ребенка в текущую реальность. Многие взрослые говорят, что подобная практика меняет их жизнь раз и навсегда. Они перестают реагировать на то, что их беспокоило, о чем ярко говорит данный отзыв, который я получила от одной из своих клиенток:

"Я перепробовала множество разных подходов, чтобы исправить ошибки моей жизни и сойти с мертвой точки. Я была полностью разочарована и близка к тому, чтобы сдаться. Но, посещая занятия, используя инструменты, которые мне давали и понимая, что они должны работать так же динамично, как у других людей, я понимала, что у меня ничего не получается. Я работала с самыми именитыми наставниками и целителями, которые смогли довести меня до края пропасти, на дне которой таилось пережитое мной насилие, бросив меня у края этой пропасти, просто не понимая, что нужно сделать, чтобы избавиться от нее раз и навсегда. Мне было сложно пережить это, поэтому мне потребовалось много времени, чтобы захотеть попробовать обратиться за помощью еще раз...

Когда я покинула аудиторию, я с удивлением заметила, что мое сбивчивое дыхание, которое сопровождало меня всю жизнь, стало глубоким, давая мне ощущение, что я впервые живу полной жизнью. Я начала ощущать свое тело совершенно по-другому. Вся моя сущность стала мягче и обрела удивительную связь с моим телом. Я бескрайне благодарна вам за то, что вы помогли мне открыть пространство внутри себя, позволив мне стать целостной личностью. Я знаю, что все уже никогда не будет по-прежнему, и теперь я знаю, что дар, которым я обладаю, может быть использован мною в любое время".

Я использовала силу энергии духа, которая определяет всю сущность нашего бытия. В процессе своей работы я нахожу наших внутренних потерянных детей и осколки их душ, позволяя людям обрести детскую невинность, заложенную в нас Господом. Я помогаю им сделать шаг вперед, показывая, что они могут сделать выбор, имея возможность полностью контролировать каждый аспект своей жизни.

Когда у вас нет энергии духа и знаний, вы чувствуете себя так, словно у вас есть инструкция, но у вас не хватает всех деталей, чтобы собрать все воедино. Вы не можете постичь силу энергии духа и знаний из-за внутреннего отрешения и изоляции.

Я должна отметить, что перед тем, как я смогу найти вашего ребенка, я должна избавить взрослого человека от осуждения, верований и убеждений, которые этот человек навязал сам себе. Когда в вашем теле нет убеждений и осуждения, которые изначально вам не принадлежат, включая убеждения от родителей, бабушек и дедушек, культурные системы верований, клятвы и обязательства, только тогда я могу найти вашего внутреннего ребенка, который оказался в сложной ситуации и просто не знает, что нужно делать. Особый психологический механизм, который делает так, что одна часть нашей сущности уходит, а другая часть остается на месте, может сработать в самом детстве, когда вам всего четыре года. Эта часть навсегда остается с вами, застревая в глубине вашей души.

Такое может случиться с вами в самых разных местах. Это может случиться, когда ваши родители ругаются, а один из них угрожает уйти из дома. Ребенок воспринимает все это вполне однозначно: "Мне грозит страшная опасность". Дети не могут смириться с этим или поговорить об этом, поэтому они изолируют себя и прячутся в шкафу в своей спальне.

Сорок лет спустя они проходят терапию только для того, чтобы понять одну вещь.

Именно это событие стало корнем проблем.

К большому счастью, мы можем спасти вашего внутреннего ребенка. Я помогаю им спасти его, отпустив все воспоминания и действия, которые стали причиной изоляции, а также рассказывая о том, что выбранная форма изоляции является ошибочной. Получается, что люди строят свою жизнь, просто не понимая, кем они являются на самом деле. Они знают лишь небольшую часть себя, которая была сформирована после насилия или полученной травмы.

В тот момент, когда мы возвращаем потерянную ими часть души, они чувствуют то же, что чувствовал мой клиент. Они понимают, что все изменилось и ничто больше не будет прежним. Теперь у них есть связь со своим собственным духом, энергией и силой бытия, которые открывают перед ними мир новых возможностей, давая им право выбора и принятия любых решений. Они покидают вселенную, в которой у них нет права выбора.

Они получают новые возможности.

Как обрести целостность духа?

ОБРЕТАЯ ЦЕЛОСТНОСТЬ ДУХА

Давайте начнем с того, что энергия духа — это та часть нашей сущности, которую мы называем многими именами. Это может быть Бог или Вселенная, мир бесконечных знаний, и это не имеет значения. Важно то, что перед нами нечто, что мы воспринимаем как нечто отдельное, что гарантирует нам изобилие и работает во благо. Энергия знаний является внутренней силой. По сути, это наша способность воспринимать интуицию, а также наше восприятие, знание и бытие.

Для того чтобы принять и понять такую энергию, вы можете использовать специальный формат личных занятий вне аудитории. В ходе таких занятий вы можете перейти на качественно новый уровень постижения собственной целостности:

Отправляйтесь на свежий воздух

Одним из мощных инструментов на пути к постижению собственной сути было мое активное участие в спортивных мероприятиях. Когда я играла в футбол, ходила в походы, каталась на велосипеде и покоряла горы, я чувствовал силу, ловкость и свободу в своем теле, понимая, что я способна на все. Моей ловкости и способности общаться со своим телом и силой земли не было пределов. После активных тренировок я чувствовала свою важность и всегда говорила: "Все прекрасно".

Когда вы открываете для себя эту безграничную энергию, вы понимаете, что нет ничего невозможного, обретая единство со Вселенной на уровне молекул. По сути, речь идет о том, чтобы испытывать благодарность к нашей планете.

Для начала, давайте обнимем дерево. Совершите медитативную прогулку босиком. Ложитесь на землю, чтобы оказаться ближе к нашей планете и сделайте вдох.

Мудрость старшего поколения и искусство принятия

. . .

Моя бабушка была тем человеком, который дал мне энергию, позволившую мне сильнее принять себя.

Когда я была совсем маленькой, единственным человеком, с которым мне было хорошо, была моя бабушка. Когда я приезжала к ней, каждый день я водила свою бабушку в церковь, а она читала молитвы на церковной скамье.

Однажды она прочитала текст молитвы: "Когда-нибудь моя душа будет исцелена, а я обрету покой". Я узнала, что в тексте молитвы не было слова душа, поэтому она добавила его сама. Как только я услышала его, я подняла глаза и спросила: "А что такое душа?".

Сейчас, когда я смотрю назад, я понимаю, что вся моя жизнь была посвящена поискам души и духа, которые впервые открылись мне благодаря моим беседам с ликом луны.

Слушая песнопения, молитвы и псалмы вновь и вновь, сидя у ног моей бабушки и проводя пальцем по венам на ее руках, я чувствовала странное утешение от ее слов, которые повторялись снова и снова. Ее приверженность религии помогла мне постичь собственную суть, обретая знания и радость бытия. Я уверена, что каждому из нас нужен хотя бы один человек, помимо нас самих, который каким-то образом отражал бы в нас ту уникальность, которая скрывается внутри нас. Именно такие моменты дают нам бесценные знания за пределами нашей реальности. Только после этого мы можем сделать осознанный выбор в пользу единения с самими собой.

Запрос во вселенную

Как вы помните, во второй главе мы говорили о важности умения задавать вопросы в процессе единения со Вселенной. Только умея задавать вопросы, мы можем установить надежную связь со

Вселенной и собственной сущностью. Вы можете просто спросить о том, что нужно сделать дальше, а также о том, чего вы действительно хотите?

Например, для себя я поняла, что это действительно работает, позволяя мне использовать силу духа и понимая, что именно нужно сделать, чтобы добиться поставленной цели. Каждое утро я начинаю с приятной песенки:

- *Кем я буду сегодня?*
- *Вселенная, покажи мне что-нибудь прекрасное на сегодня.*
- *Какую энергию, пространство и сознание я могу создать сегодня?*
- *Какую пользу от силы духа и знаний я могу получить сегодня?*
- *Кем я хочу быть?*

Я люблю добавлять что-то шуточное и веселое: "Что я могу сделать или кем стать, чтобы обрести счастье и познать веселье?"

Думая о работе, я часто задаю себе такие вопросы:

- *Что мне нужно сделать, чтобы привлечь нечто новое в свою жизнь?*
- *Чего требует от меня моя работа?*
- *Что стоит сделать именно сегодня?*
- *С кем мне нужно поговорить сегодня?*

Думая о своем здоровье, я задаю такие вопросы:

- *Как бы мое тело хотело двигаться сегодня?*
- *Что бы мое тело хотело съесть сегодня, чтобы наполнить себя энергией и легкостью?*

Не бойтесь отпускать

Может случиться так, что вам придется отпустить то, что не подходит именно вам, и сказать: "Отлично, я отпускаю то, что выше моих сил". Просто поймите, что процесс созидания состоит из отказа от вещей, к которым вы сильно привязались. Различные ожидания, решения, суждения, заключения и проекции могут не учитывать вашу способность к постижению знаний, восприятию и получению информации.

В одном я уверена на 100%. Мы живем во Вселенной, которая благословит нас и помогает нам. Невзирая на то, какое насилие мне пришлось пережить в разное время, энергия знаний двигала меня вперед, помогая выбраться из болота, выйти на берег и создать что-то ценное, чтобы помочь другим людям из самых разных стран.

Многие люди просто теряются в этой реальности и хотят использовать терапию, медитацию или духовные методики, чтобы воссоединиться со своей энергией, которую я так ясно видела в возрасте семи лет. Я тоже предпринимала отчаянные попытки исцелить себя и восстановить связь со своей сущностью.

Я хочу поделиться с вами одним важным наблюдением.

Воспринимайте мой вопрос как призыв к действию.

Если вы научитесь использовать энергию таким образом, чтобы добиться единства с нашей планетой и Вселенной, а ваши знания будут работать во благо человечества, что еще мы сможем создать вместе, невзирая на отсутствие поддержки со стороны других людей?

Что нужно сделать, чтобы пробудить эту энергию?

Что нужно сделать, чтобы она стала катализатором перемен в вашей жизни?

Просто поймите, что *вас ждет* целый мир новых возможностей.

В следующей главе я расскажу вам о нескольких простых, но эффективных методиках, которые вы можете использовать, чтобы сделать истинное счастье центральным элементом вашей жизни. Я уже поделилась ими с тысячами своих клиентов.

И просто поверьте мне, что все они работают.

9

КЛЮЧ К ВАШЕМУ ВНУТРЕННЕМУ СЧАСТЬЮ

*"Вы можете бежать и убегать от вашей жизни,
но вы не сможете убежать от самих себя. Ваш ключ к счастью
предельно прост.
Он состоит в том, чтобы принять себя такими, какие вы есть".*

- Дейл Арчер

После беседы со своей преподавательницей в колледже я предприняла много разных шагов. Я не хочу сказать, что стала счастливой в один миг. Как я уже рассказывала, мне пришлось преодолеть двадцать лет насилия, чтобы я могла честно сказать, что я по-настоящему счастлива. Я чувствую радость, легкость и свободу.

Вы тоже можете чувствовать все это.

Я не знаю, было ли в вашей жизни насилие, но, раз вы читаете данную книгу, вы четко знаете, что в вашей жизни появилась ловушка или клетка, которая не дает вам получить то, чего вы действительно заслуживаете. Самая главная новость заключается в том, что ключ от этой клетки находится внутри вас, и я могу помочь вам найти его.

ШАГ 1. ПРИЗНАЙТЕ СУЩЕСТВОВАНИЕ НЕСЧАСТЬЯ

Мое счастье — это видеть каждого из вас.

Но вы должны понимать, что вы не избавитесь от несчастья, просто игнорируя его. На самом деле, игнорируя несчастье, вы продлеваете срок его существования. Несчастье похоже на незваного гостя. Вы пытаетесь игнорировать его, а он устраивает кавардак.

Вы можете отрицать, что несчастливы, потому что вам неловко или даже стыдно признаться другим, насколько вы несчастны. Но вы не одни в своем несчастье. Мне было страшно признаваться другим, что в моей жизни нет места счастью.

Тем не менее, когда вы отрицаете свое несчастье, вы лишь подчеркиваете собственную незначительность. *Просто поймите, что такое поведение — это форма пренебрежения и насилия.* Представьте, что внутри вас скрывается несчастная душа, оказавшаяся в темноте. Вы бы поступили так с маленьким ребенком? Почему вы так поступаете с собой, Когда вы признаете свое несчастье, вы поймете собственную цену и важность. Вы наконец-то говорите себе: "Я имею значение!". Поступая таким образом, вы открываете целый мир новых возможностей, которые могут определить вашу сущность и ваше бытие.

Кроме того, вы сможете наладить связь между вашим разумом и телом. Вместо того чтобы прятать свое несчастье глубоко внутри, вы вовлекаете каждую часть себя в процесс создания новой жизни. Только так вы сможете настроить себя на успех.

ШАГ 2. ВЫБИРАЯ СЧАСТЬЕ

Счастье заключается в возможности выбора ради вашего удовольствия.

Когда я была чуть старше двадцати лет, мне казалось, что жизнь никогда не станет лучше. Я не верила, что хоть когда-нибудь буду счастлива. Я думала, что счастье доступно только другим людям. Когда я окончила колледж, я четко знала, что не смогу вернуться в дом, в котором выросла. Я понимала, что это станет началом конца, но я не понимала, что именно мне стоит предпринять.

Поговорим со своей преподавательницей в колледже, я решила переехать в Аризону и начать работу в центре для подростков из неблагополучных семей. Получается, что я осознанно выбрала место, в котором могла хоть что-то изменить. Оказавшись в центре, я сотрудничала со службами защиты детей, чтобы обеспечить им безопасное, образование и питание детям, которые были изолированы от семей, в которых царило сплошное насилие. Кроме того, я часто проводила консультации для таких детей. Я хотела, чтобы каждый ребенок знал, что он в безопасности, что его любят, и о нем заботятся. Я хотела, чтобы каждый ребенок мог безмятежно засыпать, зная, что все хорошо.

Возможность помогать этим детям подарила мне счастье.

Став союзником для них, я стала союзником для самой себя. Когда я дарила себе любовь и заботу, которых у меня никогда не было в детстве, я заметила, что могу принимать качественно иные решения в своей жизни.

Постепенно я смогла избавиться от той боли, которая занимала все мое пространство. Например, вместо того, чтобы пытаться сбежать от проблем, напиваясь и выкуривая пачку сигарет, я стала выбирать занятия, которые приносили мне удовольствие. Я принимала каждое решение, думая о том, кем я хотела быть в *тот момент*, а также о том, чего я не пробовала раньше.

Я получила возможность сделать осознанный выбор в пользу счастья.

У вас тоже есть право выбора. Получается, что вы тоже можете выбрать счастье, привнеся в свою жизнь что-то веселое, теплое и зажигательное.

Что такое веселье именно для вас? Ваше хобби? Поход в спортзал? Посещение студии танцев? Работа волонтером? Есть ли в вашем сознании мысли о чем-то таком, что не имеет смысла, но обязательно принесет вам счастье и радость? Это может быть что-то, что вы делали в детстве, или что-то, чего вы никогда раньше не делали или представляли, что однажды сделаете. Что бы это ни было, именно такая активность может проложить ваш путь в мир счастья. Выбирайте именно это. Выбирайте счастье.

ШАГ 3. ИЗБАВЛЕНИЕ ОТ ПРИВЯЗАННОСТИ К НЕСЧАСТЬЮ

Счастье заключается в том, чтобы позволять себе легкость.

К сожалению, многие люди зависимы от своего несчастья.

Вам может казаться, что мои слова — это чистое безумие. Как кто-то может *выбрать* несчастье?

Оказывается, у людей есть масса причин для этого:

- Это знакомое чувство.
- Это способ привлечь к себе внимание.
- Это способ общения

(многие формируют свои отношения на фундаменте взаимных жалоб и недовольства).

. . .

Когда что-то не получается, люди приглашают вас на чашечку кофе. Они ходят с вами по магазинам или предлагают провести день в спа-центре.

Обратите внимание, что, когда вы преуспеваете, некоторые люди начинают злиться на вас или задаются вопросом, какой наркотик вы принимаете. Обратите внимание, что они никогда не будут поддерживать вас. *Очень часто люди просто не знают, как относиться к успехам и радостям других людей.*

Именно поэтому несчастье стало центром притяжения в их жизни. Там повсюду царит пессимизм. Получается, что жизнь строится на проблемах и страданиях о том, что не получается. Что будет, если вам больше не нужно бороться, чтобы избавиться от несчастья?

Привязанность к чему-то, включая несчастье, — это заболевание. Счастье заключается в том, чтобы позволять себе легкость.

Люди с алкогольной зависимостью изо всех сил пытаются избавиться от своей привычки. Но для того, чтобы отказаться от пристрастия к алкоголю, им просто нужна поддержка.

Именно поэтому любовь к несчастью — это тоже зависимость. Если вы хотите справиться с этой болезнью, перестаньте думать, что вы можете справиться со всеми проблемами самостоятельно. Откройтесь и будьте готовы обратиться за помощью и поддержкой.

ШАГ 4: ЗАРУЧИТЕСЬ ПОДДЕРЖКОЙ И РАССКАЖИТЕ ВАШУ ИСТОРИЮ

Счастье заключается в том, чтобы понять свою роскошную суть.

. . .

Хочу признаться, что я пыталась самостоятельно преодолеть свои травму и историю насилия, но это ни к чему меня не привело. Я начала пить и купить, чтобы забыться и просто не чувствовать ту боль, которая пронзала меня в то время.

В конце концов мне пришлось признаться себе, что я нуждаюсь в поддержке, поэтому я начала читать книги по самопомощи, которые смогла найти. Они дали мне представление о процессе исцеления и обретения счастье, но этого было недостаточно.

Только моя преподавательница из колледжа оказал мне необходимую поддержку, предоставив безопасное место, где я смогла поделиться своей историей. До этого времени все мои секреты и тревоги были заперты внутри моего тела, а я была никому не нужна.

Как же вы можете испытать истинное счастье, если часть вашей души находится в изоляции?

Если вы хотите отказаться от несчастья и выбрать счастье, вам нужно понять в корень ваших проблем. Чтобы сделать это, вы должны внимательно посмотреть на события, ситуации и отношения в вашем прошлом, которые влияют на ваше настоящее.

Вы сможете сбросить тяжкую ношу несчастья, заручившись поддержкой настоящего уши профессионала, будь то психотерапевт, врач или другой специалист. Поделившись вашей историей, вы начнете процесс освобождения из клетки несчастья.

Когда вы сделаете это, вы сможете выбрать свободу, вместо рабство, а также возможности, вместо ограничений. Просто поймите, что вы не сможете создать новое настоящее и будущее, пока не столкнетесь лицом к лицу с прошлым, которое привело вас в текущую точку вашей жизни. Вам нужно поделиться вашей историей, извлечь из нее уроки и узнать, как вы можете создать новую жизнь.

Заручившись поддержкой профильного специалиста, вы почувствуете глубокое облегчение от того, что вам больше не нужно бороться в одиночку.

ШАГ 5. УМЕНИЕ СЛУШАТЬ ВНУТРЕННИЙ ГОЛОС

Счастье заключается в том, чтобы полностью успокоиться, а также слушать и делать именно то, что говорит ваш внутренний голос.

Вам может показаться странным, что сначала я призываю вас заручиться поддержкой специалиста, а затем советую прислушаться к собственному голосу. Но и тот и другой подход имеют решающее значение. Работа с психотерапевтом помогает вам избавиться от ваших внутренних блокировок, чтобы вы могли настроиться на нужную волну и прислушаться к собственному внутреннему голосу. Просто поймите, что именно ваш внутренний голос на самом деле является ключом к вашему счастью.

Многие люди совершают ошибку, думая, что они будут счастливы, когда купят дорогую иномарку, выйдут замуж за нужного человека, обнесут свой дом белым штакетником и родят несколько детей.

Тем не менее, правда выглядит совсем иначе.

Выбирая то, что навязано вам со стороны, вы двигаетесь к глубокому горю. Такой подход заставляет вас принимать решения, навязанные извне, а не озвученные вашим внутренним голосом.

Как только вы найдете силы, чтобы услышать свой внутренний голос и позволить внутренней мудрости руководить вашими решениями, вы сможете начать совсем другую жизнь. По сути, вы начинаете создавать новые отношения с самими собой, основанные на доверии и уважении. Такой подход имеет большое значение для достижения счастья как в отношениях с собой, так и в отношениях с окружающими вас людьми.

Вам может быть страшно подумать о том, что вы хотите выйти за рамки бессмысленного ожидания и окунуться в мир счастья. Почему? Те, кто окружают вас, могут внушить вам, что вы станете посмешищем. Они имеют собственное представление об успехе и его элементах, а вы - напрасно тратите силы, пытаясь воплотить чужие мечты. Вы должны понять, что требования извне не имеют значения, и начать слушать себя, как мы обсудили с вами в третьей главе.

Я уверена, что вы провели большую часть своей жизни, прислушиваясь к мнению других людей, поэтому вам может потребоваться некоторое время, чтобы настроиться и прислушаться к своему собственному внутреннему голосу.

Сейчас я предлагаю вам полезное упражнение, которое вы можете использовать каждый день, чтобы отчетливее слышать свой внутренний голос:

- Заведите таймер не менее чем на 5 минут.
- Задайте себе следующие вопросы:

Чего я хочу?
Какой опыт я хочу получить?
Что я сделаю, чтобы создать желаемый опыт?

- Внимательно выслушайте себя и запишите ответы на каждый из них. На данном этапе не пытайтесь разобраться в ответах, просто записывайте все, что приходит вам в голову.

Следуя указаниям вашего внутреннего голоса, вы живете, направляя вашу силу изнутри-наружу. Только так вы сможете успеть на "поезд" в мир вашего истинного счастья.

ШАГ 6. ГЕНЕРАЛЬНАЯ УБОРКА И НОВАЯ ЖИЗНЬ

Счастье заключается в том, чтобы позволить себе посадить свой собственный дивный сад.

Если вы хотите стать действительно счастливым человеком, вам нужно научиться подвергать сомнению, все, что встречается на вашем пути. Вы должны быть готовы изменить *все*, что не способствует вашему выбору быть счастливым.

Процесс обретения счастья — это тяжелая работа внутри вас. Тем не менее, люди, события и ситуации, которыми вы себя окружаете, могут взращивать ваше счастье, а могут отравлять его своим ядом.

Вы готовы признать, что то, чем вы занимались в течение нескольких лет, больше не приносит удовлетворения. Вы готовы признать, что знаете об этом очень давно, но не хотите принять правду?

Вы не можете быть счастливыми, не искоренив сорняки прошлого из грядки вашей жизни. Только так вы сможете принять, что определенные вещи просто не подходят вам или не работают.

Поблагодарите каждый сорняк за то, что он дал вам.

Отпустите его с любовью и благодарностью, не испытывая ненависти.

. . .

Теперь, когда вы выпололи все сорняки, у вас появилось место для семян новой жизни. Задайте себе такой вопрос: “Что сделает меня счастливым?”

Все, что вы сделаете в рамках данного руководства, поможет вам посадить семена новой счастливой жизни. Вы же знаете, что хороший садовод следит за своими растениями? Поэтому вам нужно следить за своим "садом", выпалывая сорные растения и сажая цветы новой жизни.

ШАГ 7. УДИВИТЕ ВСЕХ СВОЕЙ ИЗЯЩНОЙ КРУТОСТЬЮ

Счастье заключается в том, чтобы сделать шаг в неизвестность, зная, что вы не разобьетесь.

Вы уже достигли того уровня, когда все становится не просто хорошо, а великолепно. Ваша жизнь становится потрясающей!

Выполнив первые шесть шагов, вы начинаете создавать для себя жизнь, выходящую за рамки привычных ориентиров. У вас больше нет никаких ограничений. Вы можете быть кем угодно. Именно вы становитесь создателем новых возможностей в вашей жизни.

Именно в этот момент вы должны поразить всех своей изящной крутостью.

Просто покажите всем, насколько вы счастливы.

Именно на этом этапе все становится сложнее…

Вы можете начать сомневаться и задавать себе такой вопрос: "Заслуживаю ли я всего этого счастья?". Вспомните третью главу и нашу приверженность несчастью. Вам может быть страшно делать шаг вперед.

"А вдруг, я просто разобьюсь?"

"Что будет, если я рухну в неизвестность?"

Когда это произойдет, вам снова придется сделать выбор.

"Вселенная выступает против меня или поддерживает меня? Что я выберу" Я верю в то, что воздух существует, хотя я и не вижу его. Он неосязаем, я не могу взять его в руки, но без него нет никакой жизни. Именно поэтому вы должны сделать шаг вперед.

Вы четко знаете, что вас поймает Вселенная.

Когда вы это сделаете, вы перенесетесь в жизнь вашей мечты. И семена, которые вы посеяли, расцветут цветами новой жизни и новых возможностей.

Обратите внимание, что вы не сможете сделать шаг вперед до тех пор, пока не признаете, что выбрали несчастье. Выбирайте счастье и избавляйтесь от вашей зависимости от несчастья. Получайте поддержку, выпалывайте сорняки прошлого и сажайте цветы новой жизни.

Только теперь вы готовы дать волю чувствам.

Каждый из этих шагов станет плиткой на вашей радужной дороге в мир счастья и радости.

Остается лишь понять, готовы ли вы сделать правильный выбор?

Вы имеете право на счастье по рождению.

10

ТАЙНАЯ СУТЬ РАДИКАЛЬНОЙ ЯСНОСТИ ЖИЗНИ

"Больше всего мы боимся того, что мы выделяемся из толпы. Наш глубочайший страх заключается в том, что мы безмерно могущественны. Больше всего нас пугает наш свет, а не наша тьма. Мы задаемся вопросом о том, чем мы заслужили право на эту силу и мощь. А вы думали о том, чем вы не заслужили их?"

- Марианна Уильямсон

В данной главе мы рассмотрим самые важные аспекты и элементы вашей жизни, чтобы выявить ваши ограничения и помочь вам обрести радикальную ясность жизни. Каждый человек сталкивается с проблемами в жизни. При этом некоторым из нас приходится страдать больше из-за причин и следствий таких проблем. Тем не менее, никто не заслуживает проводить время в незримой клетке насилия и проблем. Каждый из нас заслуживаем радикальной ясности жизни в финансовой, личной и романтической сферах нашего бытия.

На протяжении девяти глав мы говорили о том, как найти радикальную ясность жизни в вашем разуме, теле и духе. В этой главе мы сделаем еще один шаг вперед и обсудим то, как вы можете защитить себя, принимая решения в финансовой, романтической и социальной сферах вашей жизни.

Но перед тем, как я продолжу, я хочу задать вам вопрос. Вы жили в условиях ограничений или просто считали, что у вас не хватит сил, чтобы изменить все раз и навсегда?

Вам захочется ответить "нет, все совсем не так", но, если вы внимательно посмотрите на то, что случилось, вы поймете, что все обстоит именно так. Даже сегодня я нахожу в жизнях своих клиентов новые ограничения, которые кажутся им непосильными. Особенно это касается тех ситуаций, когда что-то повторяется из года в год. Но у каждой проблемы есть решение.

В этой ситуации именно я могу помочь вам. Я занимаюсь тем, что устраняю такие ограничения, и в этом заключается моя помощь не только вам, но и себе самой. Радикальная оргазмически-живая реальность — это уникальная методика, которую я разработала и использую каждый день.

Радикальная оргазмически-живая реальность появилась в моей жизни на одной из неприметных дорог в Северной Калифорнии, где я решила остановиться и передохнуть после очередных закончившихся отношений. Я заметила, что у меня совсем не было настроение, списав это на расставание, но дело было не только в нем. Именно тогда и появилась радикальная оргазмически-живая реальность, для создания которой мне пришлось задать себе целый ряд вопросов.

Данная методика подразумевает ответы на пять-шесть вопросов, которые помогут найти триггер, ставший причиной текущей проблемы, а также связать его с первым случаем появления такого триггера в вашей жизни. После этого вам нужно заняться своим прошлым, выполоть сорняки насилия и усвоить урок, чтобы сформировать новые привычки и способ бытия.

Получив данные вопросы в свое распоряжение, вы сможете начать поиск вариантов решения проблем, сохраняя ценные знания, которыми я хочу с вами поделиться. Давайте начнем с финансовой сферы и узнаем, что такое радикальная оргазмически-живая реальность.

ФИНАНСОВАЯ ЯСНОСТЬ БЫТИЯ

Первый шаг к финансовой свободе заключается в том, что вы оказались в незримой клетке насилия, которая лишает вас новых финансовых возможностей. Но как выглядит финансовое насилие?

Есть много разных ответов на данный вопрос. Приведу вам один из наиболее очевидных примеров. Представьте себе, что вы живете или работаете с другим человеком, но можете получить доступ к своим деньгам только с разрешения и одобрения такого человека. Именно такая ситуация может стать формой финансового насилия.

А теперь представьте себе брак или деловое партнерство, в котором один человек контролирует все финансовые вопросы, а другой не имеет права голоса. Кроме того, вы можете состоять в духовной организации, участники которой должны делать пожертвования. Вы должны понимать, что в пожертвованиях нет ничего плохого только в том случае, если вы делаете их по своей воле. Если на вас оказывают давление, осуждают или относятся к вам по-разному в зависимости от вашего финансового участия, то, возможно, вы оказались жертвой финансового насилия.

Мне довелось поработать с самыми разными людьми, которые выбирали профессиональные, духовные или религиозные организации, страдая от финансового насилия и предвзятого отношения в зависимости от размера их пожертвований или взносов. Получается, что участники чувствуют незримый барьер между теми, кто платит, и всеми остальными.

Вы можете использовать свою интуицию для определения случаев финансового насилия. Ваше тело может дать вам знак, как только вы окажетесь в подобной ситуации. Внутренний голос скажет вам: "Мы это уже проходили!". Обратите внимание, что финансовое насилие может проявляться и в том, что один человек берет на себя ответственность за финансовые проблемы и решения пожилого человека, оформляя на себя доверенность и управляя последней волей человека. Оно может проявляться в неравенстве на рабочем месте, когда представители одного пола получают более высокую зарплату, чем представители другого несмотря на то, что занимают ту же должность. Просто поймите и примите тот факт, что финансовое насилие может иметь различные формы и может по-разному влиять на людей.

Как только вы поймете, что стали жертвой финансового насилия, вы должны прислушаться к себе и признать факт нарушения вашей финансовой свободы. Подвергаясь нападкам со стороны родственника, начальника, наставника или лидера, вы можете лишиться контроля над собственными деньгами. Если вы не решите данную проблему, вы будете оставаться под их влиянием, оставаясь внутри порочного круга финансового насилия. Такое поведение попросту неприемлемо. В случае финансового насилия люди очень часто хотят решить проблему здесь и сейчас, отказываясь признавать сам факт насилия, поскольку это может сказаться на том, как их воспринимают другие люди.

Обратите внимание, что вы имеете право на финансовое благополучие по факту вашего рождения. Ваше финансовое положение не связано с цветом вашей кожи, образованием или какими-либо другими внешними факторами. Деньги — это энергия, к которой вы можете получить доступ и привлечь ее. Препятствиями на пути к благополучию могут стать ограничивающие убеждения и негативное восприятие себя, которые проистекают из истории финансового насилия, которая могла иметь место в вашей жизни.

Радикальная оргазмически-живая реальность станет вашей только тогда, когда вы сможете одолеть менталитет, который вас сдерживает. Послушайте правду о деньгах и финансах: *вы заслуживаете ровно столько, сколько позволяете себе иметь, и получаете столько, сколько желаете*. Ваше происхождение не имеет никакого значения. Просто поймите, что деньги — это энергия, к которой может подключиться каждый. Тем не менее, наши системы убеждений и ценностей, сформированные в результате насилия и отсутствия контроля, могут сдерживать и ограничивать нас. Ваша финансовая состоятельность не имеет никакого отношения к вашей самооценке. Вне зависимости от вашего пола, образования или любого другого фактора, у вас есть потенциал достичь всего, чего вы желаете, если вы сможете освободиться от оков насилия и достичь финансового благополучия.

Просто запретите истории вашего насилия влиять на то, что вы получаете в будущем. Просто взгляните правде в глаза, избавьтесь от тяжкой ноши прошлого и начните свой путь к финансовой свободе. Только будучи честными с самими собой, вы можете открыть мир богатства и безопасности, которых вы действительно заслуживаете.

Теперь, когда вы приняли правильный образ мышления, я хочу дать вам пять простых советов, которые помогут выйти за рамки финансовых ограничений. Я понимаю, что первый совет может вам не понравиться, но вы должны использовать его. Начните записывать свои мысли о том, что вы ненавидите в деньгах. Перечислите от 10 до 15 фактов, которые вам не нравятся. Это могут быть ваши проблемы, конфликты, счета, проценты по кредиту, а также любые другие аспекты, которые вы считаете сложными. Второе. Запишите все, что вам нравится в деньгах, например, свобода, наличие выбора и возможностей, которые они предлагают, не уделяя внимание торговым маркам и каким-то конкретным товарам.

Как только вы это сделаете, переходите к третьему шагу. Представьте себе жизнь, в которой деньги больше не являются проблемой. Подумайте о том, что бы вы выбрали в жизни, если бы у вас был неограниченный запас денег. Данный шаг может оказаться сложным, потому что люди не могут определиться между ненавистью и любовью к деньгам.

На четвертом шаге опишите свои чувства, которые вы бы испытали, узнать, что вы никогда не будете нуждаться в деньгах. Как изменилось бы ваше поведение? Обрели бы вы уверенность, стали бы чаще улыбаться и вести себя по-другому? Как бы выглядело ваше тело? Изменился бы ваш гардероб? Подумайте о том, где бы вы жили и как.

Пятое. Подумайте о том, что бы вы хотели дать миру, если бы у вас было больше денег, чем вам на самом деле нужно. Какие пожертвования в благотворительные организации вы бы сделали? Вы могли бы оплатить покупку чистой воды в нуждающихся странах, оплатить чье-то образование, создать некоммерческую организацию или реализовать творческие проекты. Запишите свои мысли на бумаге.

Именно изложение ваших мыслей на бумаге запустит процесс вашей трансформации. Данный процесс воплощает энергию ваших желаний в реальность, предлагая вам новый выбор и море новых возможностей. После этого вы должны сделать маленький шаг на пути к новой жизни, используя те данные, которые вы только что записали. Многие люди постоянно думают о том, что у них ничего нет. Но, используя пять шагов, вы сможете начать трансформацию и вырваться из порочного круга. Сделайте всего один маленький шаг и начните движение к тому, что казалось вам нереальным и невозможным.

РОМАНТИЧЕСКАЯ ЯСНОСТЬ БЫТИЯ

В ваших отношениях вы часто столкнетесь с конфликтами, возникающими по совершенно разным причинам, даже в том случае, если вы не хотите ссор и конфликтов. Все повторяется снова и снова, а вы задаетесь вопросом: "Разве этого я хочу на самом деле?". Но проблемы никуда не исчезают. Если вы постоянно сталкиваетесь с такими проблемами, вам стоит понять, что корень зла лежит глубже.

Приведу вам пример из своей жизни. В один прекрасный момент я заметила, что конфликты стали нормой в различных аспектах моей жизни, и я внезапно увидела себя в качестве причины таких проблем. Я поняла, что оказалась в клетке отношений, а все мои попытки установить контакты встречали негодование и гнев. Я стала чувствовать, что остаюсь в порочном круге таких отношений, несмотря на все мои старания.

Такое положение дел часто встречается и в односторонних отношениях. Хочу отметить, что поиск признаков таких отношений может быть довольно неприятным занятием. Тем не менее, их довольно легко заметить. После окончания таких отношений вы спрашиваете себя: "Зачем я терпела все это так долго и что со мной не так?" Правда заключается в том, что с вами все в порядке. Большую часть людей никто и никогда не учил основам гармоничных, взаимных и прозрачных отношений.

Если открыть словарь и найти термин отношение, вы увидите, что это *"Взаимная связь, зависимость разных величин, предметов, явлений, соотношение между чем-либо"*. Многие люди основывают свои отношения именно на такой интерпретации, которая часто приводит к созданию односторонних отношений, которые появляются после конфетно-букетного периода.

Односторонние отношения характеризуются значительным дисбалансом в процессе получения и участия в отношениях. Вы с удивлением обнаруживаете, что все ваши просьбы не выполняются, а вам достается лишь осуждение и критика из-за того, что вы "хотите слишком много". В таких отношениях ваши потребности часто игнорируются, а вы чувствуете себя в ловушке.

Кроме того, односторонние отношения очень часть включают в себя "газлайтинг", когда другой человек манипулирует вами, заставляя сомневаться в вашей собственной адекватности. Ваш партнер может полностью погрузиться в себя, переживая только за свою жизнь и свои проблемы. Важно понять, что такой нарциссический подход может заставить вас выполнять всю тяжелую работу, в то время как ваш партнер не будет давать вам ровным счетом ничего.

Тем не менее, вам не стоит ждать перемен со стороны вашего партнера. Вместо этого вы должны установить свои границы, сообщить о своих потребностях и о том, что не подлежит обсуждению, даже если есть вероятность, что ваши запросы не будут удовлетворены. Устанавливая ваши границы, вы можете "разбудить" вашего партнера и заставить его или ее принять реальности ситуации, побудив внести необходимые изменения. Основная задача заключается в том, чтобы избежать критики и взаимных обвинений. Выбирайте то, что дарит вам счастье и благополучие.

Главная цель заключается не в том, чтобы остаться или уйти. Мы говорим о том, что вы должны испытывать радость и взаимность в ваших отношениях, отдавая и получая в равном объеме. Вы должны задуматься о ценности таких отношений, если вы даете больше, чем получаете. Вы не можете изменить другого человека или принятие решение вместо него.

Никогда не забывайте, что вы несете ответственность за созидание своей жизни. Вас может ждать сложный выбор между расставанием и сохранением семьи. Делайте упор на том, чтобы раскрыть свой истинный потенциал и обрести счастье. В этом деле нет правильного или неправильного решения. Вопрос только в том, счастливы ли вы, хорошо ли себя чувствуете и реализуете ли свой потенциал в полной мере.

Поймите, что отношения подобны танцу, и очень важно понимать, что у каждого человека есть свой ритм и стиль. Какие-то люди могут найти общий язык гораздо быстрее. Тем не менее, то, что работает для вас, может не обязательно работать для вашего партнера, и наоборот. Именно здесь и кроется важность совместной работы.

Ключ к успешным отношениям скрывается в том, чтобы быть предельно открытыми, принимающими и заинтересованными в вашем партнере. Сталкиваясь с различиями или вызовами, сопротивляйтесь желанию отреагировать разочарованием или осуждением. Вместо этого подойдите к этому с любопытством. Например, вместо того, чтобы расстраиваться из-за чего-то, задавайте вопросы и стремитесь понять точку зрения другого человека. Участие в диалоге и искренний интерес к точке зрения вашего партнера могут превратить потенциальную проблему в возможность для более тесного взаимодействия.

Кроме того, вы должны признать, что не все отношения просты, к тому же, в вас будет говорить история вашей семьи, заставляя принимать те или иные решения. То, как взаимодействовали ваши родители, могло наложить отпечаток на ваш собственный подход к отношениям. Примите существование таких закономерностей и стремитесь культивировать любопытство, принятие и взаимность, чтобы построить более гармоничную и приносящую семью.

Не забывайте и о том, что защитная реакция может создать дистанцию и помешать близости в отношениях. Чтобы способствовать взаимности и любопытству, стремитесь быть более открытыми для своего партнера. Вместо того чтобы сосредотачиваться на проблемах, уделите внимание изучению возможностей вместе со своим партнером.

Хотите ли вы создать более приятные и открытые отношения или задаетесь вопросом о том, как сделать их более яркими и веселыми? Я подготовила для вас пять советов, но вы можете придумать свои советы с учетом особенностей ваших отношений:

Первый шаг. Выберите занятие, которое приносит радость вам обоим. Это должно быть что-то, что вызывает волнение и позволяет работать над достижением цели вдвоем. Это может быть просмотр фильма, посещение мероприятия или приятная беседа с пакетом попкорна. Язык и формат не имеют значения. Вы просто должны насладиться временем, которое провели вместе.

Второй шаг. Выходите в свет, будучи парой влюбленных. Это может быть вечер с друзьями, шикарный ужин или церемония благодарности друг другу в красивых нарядах. Просто поймите, что вы можете получать удовольствие, культивируя ваши отношения.

Третий шаг. Попробуйте поменяться ролями. Каждый из вас может выбрать то занятие, которое ваш партнер никогда бы не выбрал. Такой подход побуждает вас изучать интересы вашего партнера и расширять свой собственный кругозор. Быть может, вы не станете делать это снова и снова, но вы получите ценную информацию друг о друге.

Четвертый шаг. Узнайте что-то новое вместе. Изучите интересы вашего партнера, а также поделитесь своими увлечениями. Совместное времяпровождение может стать увлекательным приключением.

Пятый шаг. Выделите время для себя и попросите вашего партнера сделать то же самое. Обратите внимание, что время наедине с собой и удовлетворение собственных интересов могут укрепить ваши отношения. Спланируйте поездку или сделайте что-то совершенно неожиданное, чтобы вырваться из рутины повседневности.

Используя пять простых шагов, вы сможете обрести радикальную ясность отношений, гарантируя взаимный рост и развитие. Вы можете создать идеальные отношения в мире оргазмически-живой ясности жизни.

ВРЕМЯ РАДИКАЛЬНОЙ ОРГАЗМИЧЕСКИ-ЖИВОЙ РЕАЛЬНОСТИ

В конце данной книги, я хочу отметить, что радикальная оргазмически-живая реальность охватывает все сферы и требует от вас активных действий. Вы должны постичь свою истинную суть, которая таится внутри вас, дожидаясь вашего внимания. Как только вы узнаете свое истинное "Я", вы сможете получить мир бесконечной страсти, ясности и безграничной силы. Вам будет казаться, что вы получили новую сверхспособность, невероятную мощь, которая подпитывает вашу энергию и позволяет вам принимать одно невероятное решение за другим.

Даже несмотря на то, что вам пришлось пережить в прошлом, радикальная оргазмически-живая реальность позволит вам посмотреть на вещи под другим углом. То, что помогало вам в прошлом, не имеет никакого значения сегодня. К тому же вы не смогли добиться того, чего хотели, используя устаревшие подходы.

Радикальная оргазмически-живая реальность — это мир, в котором нет места ожиданию, ведь вы живете здесь и сейчас. Вы должны предпринимать действия, которые приносят радость и делают лучше вашу жизнь и жизнь других людей. В ней нет места серой массе и посредственности. Больше никакой нудной работы с 8 до 18. Вы должны выйти за пределы своих прежних возможностей, довериться себе и поверить в свою безграничную способность создать что-то новое и экстраординарное.

Вы должны стремиться к большему, получать все лучшее и забрать все, что полагается именно вам. Вы должны показать себя миру с лучшей стороны и почувствовать себя настоящим триумфатором. Кроме того, вы должны научиться не только делать, но и принимать. Вселенная благословляет вас во всех аспектах вашей жизни. На личном фронте, в отношениях, в профессиональном плане и дает вам целое море новой энергии. Она поможет в создании необходимого вам пространства или получении того, чего вы желаете, избавляя вас от необходимости бороться за это. Теперь, даже когда возникают проблемы, они больше не ощущаются как борьба, потому что вы обрели глубокое понимание того, что можете менять свою жизнь так, как вам заблагорассудится.

Радикальная оргазмически-живая реальность — это мир, в котором вы обладаете невиданной силой, которая гарантирует, что вы обязательно получите то, что вам причитается по праву. Если радикальная оргазмически-живая реальность откликается в вашем сердце, я предлагаю вам отправиться в путешествие по ее бескрайним просторам вместе с нами.

ПОСЛЕСЛОВИЕ

"ПОЗВОЛЬТЕ СЕБЕ ДОВЕРИТЬСЯ РАДОСТИ И ПРИНЯТЬ ЕЕ.

Вы с удивлением заметите, что ваша жизнь наполнилась танцем".

- Ральф Уолдо Эмерсон

Некоторые из предложенных мной идей могут показаться вам слишком радикальными.

Это вполне предсказуемо.

Вы привыкли жить скромно, бережно расходуя свою энергию и ограничивая свои движения по *незримой клетке насилия*. Вам кажется попросту невозможным делать то, что не вписывается в рамки вашей текущей реальности.

Как может существовать радикальная оргазмически-живая реальность, Как вообще это возможно?

Радикальная оргазмически-живая реальность?!

Вы должны понять, что все, о чем вы прочитали в данной книге, — это *первый шаг* на пути к радикальной ясности жизни. Я использовала часть материалов книги "Обретая навыки созидания после пережитого насилия", добавив практические материалы.

Но, как я и говорила в самом начале, все предложенные шаги и идеи призваны помочь вам преодолеть внутреннее сопротивление и открыть качественно новый уровень свободной жизни.

Обратите внимание, что ваше внутреннее сопротивление может принимать разные формы, которые будут казаться вам вполне приемлемыми и достоверными. Вам будет казаться, что у вас не хватает денег, времени, энергии, навыков или знаний, чтобы сделать то, чего вы действительно хотите.

Но это лишь отговорки. Ваши рукотворные отговорки.

Все они построены на мысли о том, что с вами что-то не так.

Самая важная вещь, которую вы должны знать о сопротивлении, заключается в том, что между вами и вашей мечтой *всегда* будет что-то стоять. Тем не менее, это лишь замаскированные отговорки, придуманные с одной целью. Не дать вам выйти из безопасной зоны комфорта, к которой вы так привыкли.

Но если присмотреться повнимательнее, то ваша зона комфорта - устаревшее место, которое было безопасным в одной конкретной ситуации много лет назад. А теперь, когда вы живете в незримой клетке насилия, сотканной из нитей насилия, что на самом деле безопасно для вас?

В следующий раз, когда вы почувствуете сопротивление, будете бояться сделать новый шаг или поймете, что ни один из опробованных вами методов не работает, просто спросите себя:

Если я пойму, что это мешает мне, смогу ли я избавиться от этого? Могу ли отказаться от своих убеждений в этом вопросе? Можно ли поменять одно на другое?

Наконец, я хочу еще раз подчеркнуть, что настоящую безопасности можно почувствовать лишь в мире осознанности и энергии расширения, которые помогают жить вам здесь и сейчас. Вы начинаете слушать свой мудрый внутренний голос, доверяя ему и делая шаг за шагом на пути к новой жизни.

Вам нужно лишь выбрать счастье и позволить ему стать вашим главным ориентиром.

Вы сможете ощутить легкость, озорство, радость и веселье только тогда, когда выберете их сами.

Только так вы научитесь жить, проявляя доброту.

Доброту к другим, доброту к нашему миру и, что самое главное, доброту *к себе*.

ИНФОРМАЦИЯ ОБ АВТОРЕ

Доктор Лиза Куней признанный лидер в сфере трансформации личности и исцеления после пережитых травм и насилия, которая поражает своим безграничным творческим талантом и способностью постоянно генерировать новые идеи. Она является лицензированным специалистом по вопросам сохранения брака и семьи, доктором философии, тета-хилером, сертифицированным наставником и создателем методики радикальной оргазмически-живой реальности. Будьте собой! Преодолевая все преграды! Создавая волшебство! Методика радикальной оргазмически-живой реальности позволила тысячам людей по всему миру покинуть мир насилия, пережитого в раннем возрасте и во взрослой жизни, чтобы постичь красоту свободной жизни.

Доктор Лиза создавала свои удивительные методики, используя бесценный опыт и знания из собственной жизни, в которой ей пришлось не только пережить насилие в детском возрасте, но и излечиться от смертельно-опасного заболевания. Одним из главных инструментов является использование четырех правил: правила выбора собственной жизни, правила приверженности себе, правила единения со Вселенной и правила созидания жизни, которая строится на глубокой трансформации.

Помимо создания революционных методик в сфере трансформации личности, доктор Лиза обладает даром комбинирования творческих и энергетических модальностей, помогая людям преодолевать препятствия, чтобы насладиться жизнью их мечты, в которой они смогут встретиться с безупречной версией себя.

Доктор Лиза следует правилу "Это будем моим! Несмотря ни на что!", спасая души людей по всему миру, используя бескрайнюю доброту своего сердца и невероятную силу своей души. Она доказала, что радикальная ясность жизни за пределами мира насилия существует!

Конец